経営コンサルタント・税理士
戸田裕陽
Toda Yasuharu

社長がトップ営業マン！

の会社は強い

万来舎

はじめに

私がどうしてこの本を書くことを決意したのか、そのきっかけをお話ししてみたいと思います。

私は渋谷で会計事務所とコンサルタント事務所を営んでおります。毎月多くの決算報告書と接しているわけですが、近年の不況の影響でしょうか、業績の悪い企業がたくさんあります。もちろん好業績の企業もありますが、どうしてか赤字企業のほうに目がいってしまいます。

『景気が悪いことはよくわかる。だけどこの会社の社長さんたちは、死にもの狂いで働いているのだろうか』という疑問が私の頭の中をよぎります。

社長さんたちの努力を疑うわけではありませんが、私はつい職業柄、会社の業績を良くするためには、**リーダーである社長は、昼夜を問わず社員たちの数倍もの努力を注がなければならない**と考えています。果たして彼らは本当に頑張っているのだろうかと考えてしまう場面も多々あります。

決算打合せの局面で、この会社はこのまま進んだら間違いなく倒産するかもしれない、と思える企業に出くわすことが多々あります。その際は、社長さんと膝を割ってさまざまな話をします。

クライアントさんとは頻繁に会うようにしていますかとか、新規クライアントの開拓をしていますかとか、社内では営業会議などを開催して社員に会社の窮状を訴えていますか、新商品の開発は無理でしょうけれども、それに準ずる活動をしていますかとか、核心の部分にドシドシ切り込んでいきます。

そして社長さんたちから戻ってくる返答の多くは、「ルーチンの仕事はやっているけれども、得意先を増やすような業務はイマイチだね」という類のものがほとんどです。または「やっているけれども、成果がなかなか出ないねえ」も数多くあります。

これでは会社の業績は良くなりません。

得意先を増やすことと、売れる取引商品を増やすことは、企業の死活問題です。このテーマが充分に実施されない企業は生き延びることができません。倒産です。業績不振でこのまま進めば、遅かれ早かれ行き詰まることはわかっていても、生き延びるための施術が実行できない社長さんの多いことに驚かされました。

そこで私は直感しました。そうだこの局面を打開するためには、中小企業の社長さんたちを、優秀な営業マンに変身させなければならない。それも社長自身の力で。

そのヒントになるような本を出版したいという気持ちが芽生えてきたのです。

社長自身が営業に強い人間になれば、彼は社員にそれを教えるだろう。そうすれば会社全体が営業に強い会社となり、不況期が訪れてきても倒産もせず、隆々と伸び続けることができるだろう。そのように考えたとき、私の心はもう動いていました。

私の職業は、前にも記しましたが税理士と経営コンサルタントです。

どちらかといいますと、事務系の仕事に携わっている人間ですが、営業の仕事が大好きなんです。

何年か前の話になりますが、私は自分の会社の売上を10年間で10倍にしたことがありました。

年平均伸長率を125%くらいにすると、10年間で10倍くらいの売上になります。前半5年間は比較的スムーズにいきましたが、後半の5年間は本当に死ぬ思いでした。社員はすでに退社し会社にいるのは自分一人、コーヒーを淹れてくれる人もいないので自分でコーヒーを淹れる。名案がなかなか思い浮かばなくて会社の中をウロウロ歩き回る。それでも効果的対策なし。

時間は午後11時を過ぎている。そんな状況でも本人に悲壮感は全くなく、結構楽しかったことを記憶しています。

このとき感じたことは、人間って明確な目標をもてば、それを追い続けることは辛いことだけれども楽しいものなんだナ、ということでした。

簡単なことではない、だけど自分が営業タイプの人間に変身し、社員をそのように育てることは結構楽しいものなんだ、ということを実感していただくために本書を記してみようと思いました。少しでも参考にできるところは参考にしてください。

そして社長さん自身を、営業タイプの人間に変身させてください。

会社が見違えるように元気になります。

ご健闘を期待しています。

平成29年1月

戸田裕陽

CONTENTS

第3章 強力な営業軍団をつくりあげる

第5章

いかにして信頼関係を構築するか

第6章

キラリと光る自分を創る

第1章

社長自身がトップ営業マンになる

01 会社の業績が悪いとは、どのような状態か

「決算書をよく見たら、業績の悪い会社が多かった」と私は申し上げていますが、具体的にはどのような状態を業績が悪いというのでしょうか。この辺りを明確にしておきたいと思います。まず**悪い業績とは、利益が出ていないということ**です。わかりやすくいえば赤字決算という意味です。それも赤字決算が何期間か続き、財務状況も悪化しており、債務超過が続いている状態です。

利益が出ないものですから、金融機関からの借入金も増え、その返済に四苦八苦しています。元金の返済や利息が支払えるうちは、まだマシなほうです。いずれ両方とも支払うことができなくなります。

そして倒産です。

会社もここまで来ると、社長親族からの借入金や給与などの未払いも増えてきます。ひどい会社では、社員からの借入金も存在するような事例も多々あります。

なぜ赤字になるかというと、**売上と経費のバランスがとれていない**からです。経費はどんなに節約しても、ある一定額は必要です。その経費を吸収するだけの売上（厳密には売上総利益）がないから赤字になるのです。

経費は非常に節約して、毎期の伸び率は100％としても、売上が毎期10％ずつ低下すればいつかは赤字決算となってしまいます。ですから会社利益が低調の原因は、短絡的には売上が少ないからということになってしまいます。

それでは、なぜ売上が少ないのかを考えてみましょう。

売上の計算は次の算式で表します。

取引会社数 × 1社当たりの平均売上

1社当たりの平均売上は、商品数や商品の品質、価格、供給状況などの影響を強く受けますので、「すべての責任は営業部にあり」とは言い切れません。営業以外のファクターが入り込む余地がたくさんあるからです。

しかし、取引会社数の多い少ないは、全く営業部の責任範囲です。

そして**赤字決算を続けている多くの企業は、この取引会社数が増えていない**のが現状です。増えるどころか、減少すればしたままの状態で、現状復帰すらできていません。

これでは売上も落ち、赤字決算が継続してしまいます。

最近このような会社が増えており、その大きな原因が社長自身の心の中にあることを私は痛感しています。

社長自身が、売上を伸ばさないとウチの会社は行き詰まってしまう、という危機感は漠然と抱きながらも、自分の力でこの局面を打開しようとしないのです。

具体的に方法論が見つからないという点もありますが、もしこのまま進んだら社員も職を失うことにもなりかねないし、自分の給料もなくなってしまう。今後どうして生きていこうか、と真剣に考えなければいけません。

しかしこの辺の危機意識の認識度合いが低いような気がしてなりません。

この危機意識の認識が強ければ、具体的手法を自分で開拓することもできますし、知人・友人・先輩たちの体験談や失敗事例などから大いに学ぶことができます。

ですから**必要なことは、正しく現状を認識することと、何があっても会社は倒産させないぞ、という強い意志**です。

私の大好きな言葉があります。

「意あれば道あり」

02

社長自身が「俺がわが社のトップ営業マンになる」覚悟ができるかどうか

業績が年々低下している、そしてその主因は売上の減少である、という点に関しては社長はよく承知しています。このまま進行すると、いつの日か倒産・自己破産を体験することになるかもしれない。だから優秀な営業マンが欲しい。ここまではすべての社長が考えます。しかしこの先に考えがいきません。

優秀な営業マンを確保できないとするならば、**「よし、この際自分が営業マンになって、いつつぶれるかわからないこの会社を立て直してやろう」**という気概があれば、ほとんどの会社は立て直すことが可能です。

男一匹、すべてを投げ出して真剣に取り組めば、世の中にできないことはありません。途中で挫折してしまうのは、初志を貫徹することができず、途中で放棄してしまうからなんです。

もう少し深読みするならば、会社が倒産していく辛さや悲しみを一度も体験していないので、それを何としてでも避けなければならないとする考え方が、自分の中に確立されていないからです。

会社が倒産し、その後自己破産まで追い込まれることは、想像以上に大変なことです。経済的基盤を失い、金銭的にも厳しい時を迎えますので、家族関係もギクシャクし、離婚に至るケースはザラにあります。

一度倒産を体験し、または身近な人の倒産悲劇を間近に見てきた人は、その残酷さが身に沁みてわかっているので、力の出し惜しみはしないと思います。

その辺の事情が理解できない人は、売上は極端に下がっているのに、自分は技術系出身だから営業はできないという理屈で、積極的に営業努力をしようとしません。本当に困ったものです。

社長職に就く人間は、万能人間でなければいけません。そうしないと会社を守っていけないのです。

営業出身でも、技術系や経理系の仕事がある程度わからないと、会社を維持することができません。**最初のうちは盲目でも、それらのテーマに少しずつ慣れていき、自分の才能を開発していきます。その勇気のない人は、社長職に就いてはいけません。**

社員や取引先に迷惑をかけるだけです。

営業マンが1、2名の小さな会社でも、これといって戦力になる営業マンがいない場合には、社長自らが優秀な営業マンになることです。そして自分が習得したノウハウで、ほかの営業マンを指導・育成していきます。気づいたときには、あなたの会社は立派な営業マン集団になっているはずです。

営業マンの数が5名程度の会社では、一応営業の責任者はいるはずですが、社長自身がその責任者をやってみることです。

そこで大いに苦しみ、その苦しみを営業マン連中に見せ、自分と営業マンたちの能力開発を進めていきます。

社長が営業に強い会社は、営業マン全体のレベルが高くなっています。ですから同業他社が販売に苦戦しているとき、当社は好成績を残すことができます。

社長、あなたは今日から、当社のトップ営業マンを目指します。

勇気をもって、挑んでください。

なぜなら、**営業という仕事は最高に楽しくて、最高に難しい**からです。

03

売上を伸ばす秘策は、取引会社数を増やすこと

業績の不振は、アクシデントを除いて売上の低迷にあると前項で述べました。アクシデントとは連鎖倒産とか、社員の大量解雇または大量退職などによるものと解釈していただいて結構です。そして**売上不振は、客数×客単価の公式の中で客数不足によるところが大きいのです。**

客単価は、営業部門の努力とともに、非営業部門の貢献度も大きく影響してきます。

したがって売上向上を営業部サイドから画策するのであれば、その努力は客数増加に向けられ

るべきです。この客数増加が思うようにできれば、毎期の売上不足に悩む必要がなくなります。

売上目標を設定する際、当期開拓した新規客に対する売上構成比を、毎期５～７％になるように設定してください。この５～７％が翌期には15％近くになり、さらに翌期には20％を超えてきます。

これができるようになると、売上不振で悩むことがなくなります。当期には当期の新規客に対する売上が計上されますので、新規客を増やす努力を毎期続けていると、例外を除き売上は右肩上がりで伸びていきます。

取引会社数を増やすことが、売上を伸ばすことになる、と申し上げていますが、なかには出来の悪い営業マンがいて、毎期取引金額を減少させられたり、場合によっては取引停止を申し渡されることがあります。これは同業他社にシェアを奪われていることであり、このような営業マンは失格です。

ですから、取引客数を増やすことにより売上が伸びるという前提は、ごく平均的な営業マンが営業に携っているということになります。

いくら新規取引先を増やしても、既存取引先の売上を落としてしまったのでは何の意味もありません。

通常、営業マンの売上目標管理は、クライアント別の事情を考慮した当期の売上目標を設定し、その遂行状況を追うことによって進めていきます。

目標の中に、新規獲得数目標や、それに伴う売上目標は設定されていないケースがほとんどです。自分が担当しているクライアントの合計達成率や合計伸長率のみでその営業マンの実績を評価しています。「当期の達成率103％、伸長率115％、よく頑張りました」シャンシャンで終わるケースが多いんです。

しかしこれだけではダメです。「新規取引先目標が5社あったけど、1社もできておりません。残念ながら来期以降にこの影響は出ますので、新規取引先目標も達成するよう頑張ってくださいい」と追加すべきなんです。営業マンに、「当期103％の達成率を確保したんだから、俺も頑張ったもんだよ」と自己満足させてはいけません。

その中には、本人の努力以外のラッキーも含まれていますので……。

既存取引会社の中には、不可避的に売上を落とす企業が必ず存在します。これらの売上低下をカバーするのが、新規取引先です。当期の新規取引先はまだ売上貢献度は低いですが、2年後、３年後になれば、充分売上低下をカバーしてくれます。

売上を合計だけで判断する時代ではありません。

その内容を分析し、地域別、業態別、取引年数別などに詳しく分析する必要があります。

既存取引先に無理矢理押しこんだ売上は、いつの時点か必ず反動が来ます。これらのことを防ぐために、**追うべき売上のテーマは、新規取引先の増加です。**

04 ポジティブ人間に大変身！

あまり営業に強くない社長が、「わが社のトップ営業マンになる」と決心した瞬間から、社内の雰囲気は明らかに変わってきます。社長自身が変化しますから、社員がそれを感じないはずがありません。

業界の会合にも出席するようになったし、電話で話す声にも力がこもっています。朝の挨拶も今までと違って元気です。出かけるときや帰ってきたときも、今までは黙ったままでしたが、最近ではしっかり挨拶をするようになりました。

そうなんです。

人間は何か決心すると、まだ行動は何も起こしていないのに、内面的なものはすぐ変化し始めます。ですから、その瞬間から外部の人にはよくわかるようになります。

そこで私がまず第一に申し上げたいことは、あなたが、「わが社のトップ営業マンになろう」と決心したならば、具体的なことは先にしてまず「ポジティブ人間」に変身してください。

すべての行動が前向きで積極的になります。

今までは他人の後ろについて歩いていたあなたが、他人の前を歩くようになります。さまざまな会合などで今までは自分の意見を言わなかったあなたが、積極的に発言するようになります。声を出して集団をリードするようになります。社内でも発言の少なかったあなたが、ミーティングは多く聞くようになったし、発言も多くなり、自分の考えや指示・命令をハッキリ出すようになりました。

あなたは、決意したその瞬間から、ポジティブ人間に変身したのです。従来は他人との意見衝突は嫌いでしたが、現在ではそれも平気になりました。

社内でトップ営業マンになるということは、社外に出てもそれなりの実力ある営業マンに変身することを意味します。ネガティブ人間では、どう間違えてもトップ営業マンにはなれません。

第一人様がついてきてくれません。社員も全く同じで、あなたについていきません。給料を貰っているから、やむを得ずといった感じです。


トップ営業マンになるための具体的テクニックは次項以降に譲るとして、本項ではまずポジティブ人間に変身することだけを考えて行動することをお勧めします。

最初は少し勇気が要りますが、慣れてくると全く平気になります。

もし自分は根っからのネガティブ人間で、内気、根暗だから、とても人様の前に立つようなことはできないとお考えなら、演技でも結構ですからポジティブ人間を演じてください。それでいいんです。そのうちに演技でなく、地で行えるようになります。


私は子供の頃から吃音者でした。いわゆる「ドモリ」というヤツです。学生時代は大いに悩み苦しみました。しかし社会に出てから選んだ職業は、経営コンサルタントと税理士であり、人様の前でしゃべる講師の仕事も増えていきました。

ＤＮＡとは不思議なもので、私の長男も子供の頃から吃音者でした。その子も親のマネをしたのかどうかわかりませんが、現在は専門学校の講師の仕事をしております。

人間本当にやろうと思ったら、できないことはありません。

仮にあなたがネガティブ人間であっても、勇気を出してポジティブ人間に大変身しましょう。

そして会社を伸ばしましょう。

05 自己暗示力を利用する

さてあなたは決心しました。業績不振で苦しんでいるわが社を救うため、自分自身が会社のトップ営業マンになることを心に誓いました。

経理畑出身だから自分にできるかどうかわからない。

しかし会社には、高い給料を出して優秀な営業マンを雇用する余裕などない。だから自分自身でやってみるしかない。これでダメだったら倒産しても諦めがつく。

ここまで腹をくくって取り組んだ仕事で、失敗することはありません。

事業に失敗する多くの原因は、アクシデントを除いてはまず経営者の仕事に取り組む姿勢が甘い点が挙げられます。

業績がどんなに悪くても、アフター5は自分の時間だからと趣味に打ちこんだり、家族とともに楽しく過ごしたり、友人たちと遊んだりしています。

業績の良いときはこれでもＯＫ、しかし業績が悪くなる兆候を示してきたら、心機一転、24時間のうち睡眠中以外の時間は、すべて仕事のことを考えます。是非この習慣を身につけるようにしてください。慣れないうちはうまくできないかもしれませんが、会社はこのままいったら倒産するかもしれないという不安を感じたとき、ごく自然にそのような状態になります。**そしてアイデアというのは、自分が本当に追いこまれたとき、突然空から降ってきたような感じで目の前に現れます。**

最近は代金の支払手段に約束手形を使うケースはあまり聞きませんが、以前はこの約束手形が大手を振って歩いていました。約束した支払期日にこの手形を決済することができませんと、不渡手形を出したことになり、これが2回続くと倒産します。一巻の終わりです。

人間は、何かをやろうと決心したとき、その瞬間からオーラが出ます。自分が言葉で語らなくても、顔の表情とか動作が今までと違ってきます。

そしてこの変化は、周囲の人々からハッキリわかるほどのもので、非常に強い説得力をもっています。ですからあなたが、「わが社のトップ営業マンになってみせる」と決心した瞬間から、あなたの顔の表情が凛々しくなり、言葉遣いや態度もそれらしく変化してきます。まだ何の行動も起こしていないのに……。

そこで私は皆さんにご提案します。

それは「自己暗示」をかけてください、ということです。

いつも自分の心に「自分はわが社のトップ営業マンになるんだ」という言葉を投げかけてください。不完全でも未完成でもかまいません。いつもこの言葉を自分に投げかけるんです。

現在はトップ営業マンとは程遠いけれど、いつかは必ずなってみせると言い続けます。そうすると不思議なことに、今までダメであった自分が少しずつその目標に近づいていきます。自己暗示力とは、それほど強い力をもっています。侮ってはいけません。そしてこの覚悟を紙に書いて机の前に貼付しておくとか、小さな紙切れを財布の中に入れておき、時々眺めるのも一つの方法です。

「わが社のトップ営業マンになってみせる」と決意したら、頭の中はいつもそのテーマでいっぱいです。

寝ているとき以外は、いつもその方法論を考えています。

ほかの娯楽的なテーマが頭に浮かんできたら、それはたるんでいる証拠です。

「心頭を滅却すれば火もまた涼し」の心境です。

06

自分から話しかける習慣をもつと、友人・取引先が増えてくる

周囲を見渡してみると、非常に友人の多い人と、比較的少ない人とに分かれるようです。

ある時期私はこのテーマに興味をもち、どうしてそうなるんだろうと観察したことがありました。

いろいろな要因がありましたが、その中で特に私の興味を引いたことがありました。それはどなたにもすぐできる、お金も手間もかからない簡単な方法でした。

その方法とは、**「自分から話しかける習慣」**です。

あるとき、バイクと乗用車の接触事故がありました。例のごとく周囲には大勢の野次馬が集まり、ワイワイガヤガヤと騒いでいます。私もその中の一人です。そうすると私の隣にいた中年の男性が、彼の隣にいた若い女性にこう尋ねたのです。

「どうしたんでしょうかねぇ？」

この問いかけがワザとらしくなく、ごく自然に男性の口から出たのです。隣にいた若い女性も何ら警戒することもなく、次のように答えていました。

「私もいま来たのでよくわかりませんが、どうもバイクの人が信号無視をしたようですよ」

「ああそうですか。じゃあバイクの方が悪いなあ。最近のバイクの運転手さんも、無茶する人が多いからなぁ」

私が耳にしたのはこの辺までの会話でした。私も急いでいたのですぐその場を離れましたが、その中年男性と若い女性との会話は、その後もしばらくは続いていたようです。そしてその女性も気持ち良く会話していて、不愉快そうな印象ではありませんでした。

実はこの**「気楽に話しかける習慣」ができるかどうかが、たくさんの友人を作れるかどうかの分水嶺《ぶんすいれい》になる**んだと気づいた一瞬でした。

見ず知らずの人に、さりげなく話しかける。それもなんの警戒心も抱かせずに!! こんな難しいことがあるでしょうか。話しかけたら、この人変な人じゃないかしらと警戒されないだろうかと、ついこちらも考えてしまいます。

私なんかは、とてもこのような芸当はできませんでした。結構人見知りするほうですから。最近ではそうしなければいけないと心掛けているので、多少はできるようになりましたが……。

あるとき、私は知人の男性に聞いたことがあります。彼は自営業を営んでいる方で、商売も順調、ゴルフの腕前もシングルです。彼の友人の多さは仲間内では有名で、彼と話をしたほとんどの人が彼と友達になりたいと思っているようです。その彼が私にこう話してくれました。

「戸田さん、**お友達をたくさんつくろうと思ったら、下心があったらダメですよ。肩の力を抜いて、さりげなく軽い気持ちで話しかけることです。**自分に話しかけるような感じで……」

この「さりげなく」という言葉が私の胸を打ちました。

自分にはこの部分が欠落しているようです。

知らない人に話しかけようとしたとき、警戒させるのではないだろうかとか、変なオジサンという目で見られないだろうかと、いつも不安がつきまとっていました。

これからは、さりげなく話しかけることができる人間にならなければという思いでいっぱいです。

07 アホな自分を演出できる人はエライ！

1年ほど前、テレビの世界では、前東京都知事のニュースでもちきりでした。どのチャンネルをひねっても、彼のニュースが流れていないことはありませんでした。私は仕事の帰りに、ニュース中心の夕刊を買うことにしていますが、トップニュースはいつも彼の記事でした。もうだいぶ叩いたから、そろそろこの辺で下火になるのかなと思ったのですが、しばらくマスコミは彼を叩き続けました。

湯河原の別荘に公用車を使って毎週通っている問題、家族との慰安旅行費用を政治資金から支出していたり、政治資金の一部を返還せずネコババしていたり、やっていることはハチャメチャです。東京都知事の選挙の際、彼は財政のムダな支出はやめるべきだと大声で叫んでいたのに、自分が知事になった途端、まったくその逆をやっていました。90%近くの人が彼に不信感を抱いているのに、彼は厚顔にも、辞任するような気配は微塵も見せませんでした。

私なんぞは、政治家がこのような不祥事を起こしたら即辞任すべきと考えていますが、彼には都民のこのような感情は伝わらず、第三者である弁護士に依頼して精査するなどと、くだらない屁理屈をこね続けました。


彼の行為は、政治家としてあるまじきもので、絶対に許せることではありませんが、彼が不人気になったもう一つの原因には、彼のプライドがあると思います。

彼は東大法学部を、トップクラスの成績で卒業したと聞いています。そんな自分が東京都民の前で平伏することなど、とても考えられないのです。

その頭の高さが都民から見たら頭にくるのです。もっと素直に自分の非を認め、謙虚に謝罪し再起を図るのであれば、都民の反応はまた違うものになっていたでしょう。

しかし彼には、それができませんでした。弁明に追われる姿がテレビで放映され続け、都民の反感は日々高まっていきました。マスコミも攻撃の手をゆるめず、ついに辞任にまで追いこまれました。

営業マンとして大成したいのであれば、自慢することは厳禁です。その反対に自分を小さく見せる努力を真剣にしなければいけません。しかしどんなに自分を小さく見せつけていても、どこかの時点でその人の素が現れます。素が現れていいんです。

「あの人はいつもバカみたいにしているけど、実はとても素晴らしい人なんだ」という評価をもらえたら、シメたものです。

前述の方とは全く逆のタイプといえます。

アホな自分を演出できる人は、本当は実力のある人です。いくら演出してみても、もともとが実力のある人ですから不用意に、自分の意志とは無関係に「素」の出る場合があります。これがまた微妙なアクセントとなり、人様を引きつける元となります。

通常は努力する人、しかし人前ではそんなことはオクビにも出さない。むしろアホ人間を演じきる。このような演出ができるようになったとき、あなたの営業能力は飛躍的に向上します。

08 出会い頭の笑顔が勝負を決める

私には、何年挑んでもなかなかできないテーマがあります。それは笑顔づくりです。

人と出会うとき、優しそうな笑顔で接することができれば、どんなに素晴らしいだろうと以前より思っていました。

周囲を見渡したとき、優秀な営業マンとして活躍している方々は、すべてこの笑顔の持ち主です。

出会いの瞬間、雑談中の折々、そして別れ際、いずれの場面をとらえてみても、わざとらしくない、ごく自然な笑顔で人と接しています。

特に出会う瞬間の笑顔には、人の心を和ませる魔薬が隠されています。

私がこの笑顔の魔力に引きつけられたきっかけは、もう10年以上も前の話になりますが、2人の人物の影響でした。名前や職業を明かすことはできませんが、仕事の上でこの2人とはよくお会いしていました。私の事務所でお会いすることもあるし、先方の会社を訪ねることもありました。

そして出会う瞬間、彼らはいつも楽しそうな笑顔で、私を迎え入れてくれるのです。この瞬間が私は大好きで、大した用事もないのにわざと会う機会を作った時期もありました。

もちろんお会いしてから別れるまで、いつも笑顔というわけではありません。厳しい話もしますから、お互いの表情に険しいものが表れることもしばしばあります。しかし前回ケンカ別れしても、次回お会いするときはいつも笑顔で迎えてくれます。

この**出会い頭の笑顔**が、たまらなく快感なんです。

「そうだ、優秀な営業マンになるためには、また、より良い人間関係を築き上げるためには、この出会い頭のスマイル作戦が絶対に必要だ」と感じた私は、それ以来誰もいない部屋で、鏡に向かって笑顔の練習をやり始めました。カレコレもう10年以上になりますが、向にうまくなりません。それどころか、鏡に映った自分の不自然な笑顔を見るたびに、気持ち悪くなります。

嘘だと思ったら、皆さん一度やってみてください。鏡に向かって微笑んでみるのです。顔の筋肉は硬直し、口は不自然に横に伸びていて、見るも無残な顔になっているはずです。

ところが最近になって、私は笑顔づくりのコツを少しつかんだような気がしてきました。十年一昔といいますが、どんなことでも10年継続すると何とかなるものなんですね。

そのコツの一つは、「目で笑う」ことなんです。今まで私は顔の表情で笑顔を表現しようとやってきましたが、これは間違いでした。いくら笑顔の表情が作れても、目が笑っていないんです。これではすぐ作り笑顔だと見抜かれてしまいます。

そうではなく、**顔で笑顔を作ろうとせず、目で相手を優しく包みこんでしまうようにすると、それにつられて顔の表情もごく自然に作れるようになります。**

ポイントは「目」にありました。目で笑うことです。

動物を見てください。優しい動物は優しそうな目をしているし、性格のキツイ動物は鋭い目つきをしています。

もう一つのコツは、**笑顔づくりを心掛けようと意識することです。**これだけでもだいぶ違ってきます。

この二つのポイントを意識するようにしてから、私の笑顔づくりも少しずつ進歩してきたようです。

優秀な営業マンになろうとしたら、出会い頭のスマイルを忘れてはいけませんよ。

09 電話かけまくり人間になれ！

営業が嫌いな人は、その多くが電話をかけることが嫌いなようです。受ける電話は平気なんですが、自分からかけるのが好きでない。いやむしろ苦手です。その代わりメールは大好きで、連絡の多くはメールで済ませてしまいます。

メールも、連絡するという役割は充分果たしてくれますが、感情を伝えるというハイレベルな行為はできませんので、あくまでも電話や面談の補助役としての存在しかありません。メールだけで大きな商談を成功させているというケースに出会ったことはありません。もしそれがあるとするならば、成約までのビジネスモデルが完全に出来上がっている会社です。

あなたが、「社内一のトップ営業マンになるんだ」と決意したならば、その瞬間から電話をかけまくってください。

家族への電話はプレッシャーがかかりませんから別として、仕事に関することであればどんなことでも結構ですから、得意先であれ、仕入先であれ、役所でも結構ですので、ドンドン電話をかけまくってください。

そしてあなたの心の中から電話恐怖症を追放してください。もしあればの話ですが……。会社に出勤し、一通り落ちついたならば、電話をかける相手を探し出し、すぐダイヤルしちゃいましょう。

用件はなんでも結構ですから適当に探し出し、もしない場合には、「最近ご無沙汰していますので、お電話をしてみました。お元気でしょうか?」といった時候の挨拶でも充分です。これでこちらの意思はちゃんと伝わります。

別の項目でも電話の有効性は取り上げていますが、**少なくとも毎朝5件以上の営業電話は必ずかけるようにしてください。それによりあなたの会話能力は飛躍的にアップしますし、クライアントたちと会う機会が増え、商談に発展するケースが増えてきます。**

毎朝5件以上の「営業電話かけ」を日課にしますと、1か月で100件になります。社員の皆さんはそんなあなたを毎朝見ているわけですから、彼らも自然と電話魔になっていきます。そして営業成績は少しずつ上がっていきます。

今までは「受ける電話」が中心だった会社が、「かける電話」中心になるわけですから、社内は活気づきます。社内にエネルギーが満ちてきます。それが売上向上につながらないわけがありません。

そこで電話をかける際、一言だけ注意してください。これは受ける電話でも同じですが、**「私は元気ですよ」という意識をもって受話器をとるということです。**それを意識するだけで声の感じが変わってきます。ひ弱な元気のない声から、張りのある元気そうな声に変わっていきます。

私はかける電話は苦手なほうですが、この意識だけはしっかりもって受話器をとりますので、「戸田さんはいつもお元気そうですね」とよく言われます。

社長であるあなたが、まず第一に会社のトップ営業マンになります。そのためには絶対にポジティブ人間に自己変革していただく必要があります。

腰を引いて後ろに下がってはいけません。今までやったことのないテーマでも、巷間非常に難しいと思われているテーマでも、それを乗り越える必要ありと判断したら、オーバーですが命がけで挑戦します。そこまでの覚悟ができれば、必ず乗り越えられます。

そしてあなたは、自己体験を基に社員を育成し、会社を盛り上げていきます。

それがあなたのお仕事です。

第2章

「技」で売る

01

1日3人以上の取引関係者と会う

営業能力の低い人の特徴は、活動や思考の基本が「ネガティブ」だという点にあります。何事においても消極的なんです。相手が動いたらそれに応じてこちらも反応する、という基本姿勢ですから、自分で難局を打開していく力を持ち合わせていません。

それに対し営業能力の優れている方は、何事にも積極的で、いわゆる「ポジティブ」タイプです。新しい提案もするし、反論することも多い。時には敵の現れることもありますが、時の経過とともに次第に友人となっていくケースが多いようです。

営業能力の強化を図るためにまずやるべきことは、自分自身をポジティブ人間に変えることです。

そう簡単にできることではありませんが、やってできないことではありません。その方法とは、なるべく多くの人に会うことです。ネガティブタイプの人は、他人が会おうと言ったときには状況に応じて会いますが、自ら進んで他人と会おうとしません。

それが高じて「ひきこもり」となり、営業能力を低下させてしまい業績は低下していきます。

ただ観念的に「なるべく多くの人に会おう」と思うのではなく、目標設定をすると、このテーマはスムーズに進みます。

その目標とは、**「1日3人以上の取引関係者と会う」**という簡単なものです。会う人は取引関係者であれば誰でもよいのです。とにかく「お会いして話をする」ことが大切なんです。コミュニケーションの役にも立つし、脳の活性化、情報の交換、業績向上にも大いに貢献してくれます。

このテーマを意識的にやっていると、顔の表情に変化が表れます。静止型から躍動型に変化してきますので、信じられないという方は、早速今日から始めてみてください。私の述べていることが本当だったと実感してくれるはずです。

1日3人以上の方とお会いし、それなりの話をするという簡単なテーマですので、どなたにもすぐできます。話をするということだけで脳の活性化が図れるわけですから、こんなに好都合なテーマはありません。

そこでこのテーマに関し、私から一つお願いがあります。それは**「誰といつお会いしたかという経緯をノートに記しておいてください」**ということです。

実際にこれをやってみて感じることは、思うほど人と会っていないなぁということです。

自分では3人以上と決めていても都合でできない日もありますので、平均して1日3人以上の取引関係者とお会いするというテーマは、簡単なものではありません。営業マンの方は別ですよ……。

社長がポジティブ人間で、活動的な人の場合、概してその会社の雰囲気は能動的であり、活動的です。その反対もいえます。

私が数多くの中小企業や社長さんとお会いして感じることは、業績の悪い会社の社長さんの多くはネガティブ人間が多いということでした。なかには社長はネガティブでも、副社長か専務がポジティブ人間で会社を活性化させているケースもありましたが、数は少なかったです。

やはりトップの影響力は絶大です。

毎日3人以上ですよ。病欠以外に例外日はありません。

人とお会いして脳の活性化を図ります。

02 相手を名前で呼んでみよう。印象が良くなります

実に驚いた経験をしたことがありました。

大阪の某会社を訪れたときの話です。２年ほど前一度だけお会いして、今回が2回目の訪問です。先方の担当者とお会いした瞬間、彼は私にこう言ったのです。

「戸田さん、お久しぶりです。お元気でしたか。ちょうど2年ぶりですね」

たったこれだけの会話に、私は驚いたのです。

「戸田さん」という私の名前が、２年ぶりにお会いしたのにいきなり出てきたからです。

そのとき私は「この人はデキるな」と直感しました。

人の名前は覚えにくいものです。１か月もするとすぐ忘れてしまい、思い出すのに一苦労します。私なんかは特に忘れっぽいので、頂いた名刺にお会いした日とか場所を鉛筆で書くようにしていますが、それでもしっかりと覚えられません。

それなのにこの人は……といった感じです。

以前テレビ番組で見たことがありました。

社員数200名くらいの中小企業でしたが、そこの社長は全社員の名前と顔を覚えているということでした。200名の社員の名前を、すべて覚えることは大変なことです。私もそれ以来名前は覚えるよう努力はしていますが、成果はイマイチです。


あなたは、社内のトップ営業マンになる決意をしたわけですから、これからはお会いした人の名前と顔を覚えるように、積極的に意識してください。

そしてその方をお呼びするとき、ただ単に課長とか部長ではなく、○○課長とか△△部長と呼ぶようにしてください。多くの方が役職名だけで呼んでいますが、あなたはその上に固有名詞をつけて呼ぶのです。

話が長くなる場合には、中途から固有名詞を外すことは構いませんが、初めのうちは是非実行してみてください。**先方のあなたを見る目が変わってきます。**


年齢を重ねてくると、誰でも記憶力が低下してきます。これは万人に共通ですから自分だけ例外というわけにはいきませんが、この点もある程度は工夫と努力で予防することができます。

特に覚えにくいのは、人名、地名、都市名などですが、テレビを見ていると頻繁にこれらの名前が出てきます。そこでその都度覚えようと意識するだけでいいんです。初めのうちはすぐ忘れてしまいますが、覚えようと意識するだけで、少しずつ成果が出てきます。覚えた、忘れたを10回ほど繰り返しているうちに、それらの名前が脳裏に沈澱していきます。

このトレーニングは、脳の活性化と若返りにもつながりますので、是非お試しください。

私たちの周囲には、同業他社のライバルがたくさんいます。全体のパイは急激には大きくなりませんから、いきおいパイの取り合い合戦になります。

その中で、品質、価格、サービス、営業マンなどの優れている会社が、パイの多くを分取ってしまいます。

あなたもたくさんのパイを取りましょう。

そのためにはやるべきことはたくさんありますが、**まずクライアントの名前をしっかり覚え、初めから名前で呼ぶようにすると、あなたの印象は良くなります。**

03 会話の間がとれるようになると、相手が入り込んでくる

皆さんの周囲にも、たくさんの営業マンがいるはずです。

そしてその中で、あの人は良いと思うが、彼はどうもイマイチ、という感想をそれぞれにおもちになっていることと思います。

そして、どこの会社の優秀な営業マンを取り上げてみても、必ず二つの大きな特徴があることに気づかされます。

その一つは「**笑顔**」です。特に彼らは、出会い頭の笑顔という強力な武器をもっています。

初めての人でも、慣れている人でも、その素敵な笑顔で包みこんでしまいます。爽やかな笑顔で迎えられたら、誰でも好感度はアップします。

この笑顔という武器は鍛えることができますので、まず自分自身が「出会い頭は爽やかな笑顔で人と接するようにしよう」と絶えず意識することです。

もう一つの特徴は「**声**」です。これは必ずしも良い声という意味ではありません。声質は普

通ですが、「聞きとりやすい声」という意味です。相手の心に飛び込んでいきやすい声という意味です。元気のある声です。活力のある声です。沈んだような元気のない声では、人をひきつけることはできません。

人生の目標を明確に定め、それに向かって突き進んでいる人の声は、何も意識しなくても張りのある元気な声になっています。

ですから声に関しては特に意識することはなく、真面目に真剣に生き抜いてもらえればそれで充分です。皆さんは「社内でトップ営業マンになるんだ」という素晴らしい目標がありますから、その目標を片時も忘れることなく、日々励んでください。

ただ声に関しては一つだけ注文があります。

これは声質に関することではなく、**「充分な間をとってもらいたい」**ということです。これだけで充分です。話の中で充分な間をとるということは、呼吸法とも関係するのでそう簡単にはいきませんが、話の区切りで一息吸い込む練習をするとうまくいきます。

慣れるのに少々時間はかかりますが……。

私は野球界では、長嶋茂雄さんの大ファンでした。巨人というチームよりも長嶋ファンだったんです。その長嶋さんが好プレーをしたときインタビューを受けますが、そのしゃべり方が嫌いでした。甲高い声で、早口で、よく聞かないと何をしゃべっているのかわかりません。あの男性的なルックスと声質が、まったく一致していませんでした。

しかし年月が経過するうちに、早口でしゃべる癖も直り、声質も少し下げてまったく聞きやすい声になっていました。間がとれるようになったのです。

これはボイストレーニングを受けてそうなったのか、ごく自然になったのかわかりませんが、一ファンにとってはうれしい変化でした。


以前ニュースキャスターをやっていた久米宏さんという方がいます。言葉のキレはあるし、突っ込みも鋭いから彼の出ている番組を私は大好きでした。

なかでも最も好感をもてたのが、間のとり方が非常に上手だった点です。この「間」により、会話の双方向通行が可能となり、相手方の意見をよく聞くことができました。

その後久米さんは降板し、後任に古舘伊知郎さんが就任しました。古舘さんは「アナウンサーとはしゃべることなり」を地でいくような方で、自分がしゃべることが中心で、相手方の意見を聞き出すのがあまり上手ではありませんでした。間の微妙なテクニックは、語りの武器になります。

04 筆マメになる

営業タイプ人間になるためには、「筆マメになる」ことが大切です。この筆マメには計り知れない効果が隠されています。またこのテーマは、営業タイプ人間になるだけでなく、素晴らしい人間関係を築いていくうえでも有効なツールになります。

「今日お会いした人に、今日お便りを出す」たったこれだけの簡単なテーマですが、実はこの行為が後々大きな効果を発揮してくれます。

まず筆マメとなるツールの問題ですが、「メール」「封書レター」「ハガキレター」などいろいろありますが、なんといってもハガキレターが一番です。それも肉筆に限ります。ワープロ打ちではダメです。自分の手で、うまくもない文章を稚拙に書くのがコツです。

小さい字でたくさん書くのではなく、大きな文字で極力活字数は少なく、筆記具は太めのものが適しています。小さなハガキに、うまくもない文章が大きな文字で書かれている、しかしその紙面からは、書いた人の誠実さがヒシヒシと伝わってくるようなレターが最高です。

いつこのハガキレターを書くか、という問題ですが、投函は翌日でもオーケーですが、書くのはお会いした当日です。スケジュールの都合上どうしても当日書けない場合もありますから、それは仕方ないとしても、原則としてお会いした当日、自分のデスクに戻ってからです。その理由は、お会いした直後は、その人に対する印象がまだ強烈に残っているからなんです。

正直言いまして、お会いした人に対し当日、お礼のハガキを出すというのは至難の業です。30%くらいはできますが、残りの70%がさまざまな理由があって、なかなか実行できません。当日のはずが翌日になるなんてザラにあります。しかし慣れてくると段々とできるようになります。

1通のハガキレターを書く時間はたった5分間です。アドレス書きなどは別にして本文だけの時間ですが、たった5分で1枚のハガキを書き上げます。これ以上時間をかけると、結果的にレターは書けなくなります。

このためにはいくつかのコツがありますが、**一つ目は、文章を頭でつくる、または口でつくるということです。**ペン先とか指先で作ることは禁止です。口でしゃべる、頭の中で考える、その後を指先が追いかけて一つのセンテンスを作る感じです。ペン先が文章を探りません。そうしないと文章が書けなくなります。

二つ目は、上手な文章を書く意識を捨てることです。私たちは文章のプロではありませんから、良い文を書くことは諦め、感謝の気持ちを伝えることに専念します。

三つ目は、大きな字を書くことです。稚拙と思われても結構です。そのためにも筆記具は太目のものが良いようです。私は最高に太めの万年筆で書くようにしています。

お会いした翌日か翌々日に、あなたから１通のハガキが届きました。文章も幼稚、字も下手で大き目、何の取り柄もないようなハガキですが、どことなく誠実さを感じてしまいます。そしてその結果、その方の脳裏にあなたの好印象が刻みこまれていきます。そしてあなたが、その方にしばらくしてから再会を申し込んだとき、快く引き受けてもらうことができます。**営業タイプ人間になるためには、５分で１枚のハガキを書き上げる技術をマスターしましょう。**

05 勝者でいるためのルーチンワーク

あなたは、電話かけまくり人間になりました。受ける電話だけでなく、またメールを発信するだけでもなく、自分の肉声を使って誰とでも電話で話すことができるようになりました。電話での会話は感情の相互通行が可能となり、思わぬ効果を発揮してくれます。

さらにあなたは、毎日3人以上の取引関係者とお会いしていますから、人と会うことに何の抵抗もありません。雑談中の会話も滑らかになり、人の気をそらすことがありません。1日の中で誰とも会わない日があると、何か忘れ物をしたような感じになります。

あなたの営業マンになるための努力は、確実に進歩しています。

さて次のステップです。

それは、電話で話したときの最後とか、人とお会いしたときに、あなたのお仕事をさりげなく紹介し、**「よろしくお願いします」という心の叫びを発することです。**言葉に出すのが最も良い方法ですが、タイミング上、言葉にできない場合もあると思いますので、そのときは心の中で願ってください。それだけでも充分相手に伝わります。顔の表情、しゃべり方、間の取り方、帰り際の挨拶などで、あなたの気持ちは充分伝わります。人間の感情は、いくら隠しても目に現れるからです。

最も良くないことは、挨拶で顔は出したけれども、「よろしくお願いします」の心がない場合です。「そんなバカな！」と思われるかもしれませんが、いや実際にそのような方がいらっしゃいます。現在自分はどのような位置にいるのか、何をしなければいけないのか、この先どうなるのかということを充分理解されていない方たちです。

クライアントを訪問した際、喜ばれるのは「情報」です。商品情報や市場の動向、または業界の情報などは非常に喜ばれます。ですからあなたは、ルーチンワークの中に情報収集という項目を入れ、集めた情報はクライアントに提供するため、常に保管しておく必要があります。

できるならば、**あなたが訪問する際には必ず何らかの有益情報を提供できるようにすれば、ライバルとの差別化が図れます。**有益情報を提供している営業マンは、どの業界でも重宝がられ、良い成績を残しています。

外回りを終え、あなたは会社へ戻ります。戻ったらまず留守中の報告を受け、緊急のものはすぐ処理します。そして次は、本日お会いしたクライアントの皆さんに、一筆簡単なハガキレターを出します。**「筆マメになる」**ことがこの辺で生きてきます。拙文でOK、書き直しなし、大き目の文字（私は極太の万年筆をお勧めしていますが）、5分で完成です。慣れてくれば、本当に5分で心温まるハガキレターが書けます。書き直ししませんから誤字は訂正します。ここまでやっている営業マンは、そう多くいませんからあなたの存在が目立つようになります。

ここまでは、トップ営業マンでいるためのルーチンワークとして話してみました。常に肝に銘じておくことは、**他人と同じことをやっていたのではトップに立てないという現実です。**何か他人と違ったことをやってみる、そして差をつけてやる。このようなアグレッシブな精神が重要です。他人と同じことをやっているからいいんだ、と思える人は所詮「小者」です。

06 提案を続けることのできる営業マンは生き残れる

相当以前の話になりますが、ある出版社が中小企業の社長さんたちに集まってもらい、懇談会を開いたことがありました。そのときのテーマは「いかにしてこの難局を乗り切るか？」というものでした。私はオブザーバーとして出席させてもらいましたが、この懇談会は非常に内容の濃いものでした。

そのとき、一人の経営者が言葉巧みに「我々が生き残るためには、クライアントに対し常に提案をし続けなければならない」という内容の話をしました。

同席の社長さんたちも大きく頷いていましたが、私も全く同感でした。

クライアントとの関係を維持するために、営業マンは時々訪問したりなんらかの連絡を取り合っていますが、その内容は大半が「ご用聞きセールス」の域を出ていません。

もちろんそうでない企業もありますが、「これでは現在の難局を乗り切ることはできない、クライアントが良くなるための提案を続けていかないと、生き残ることはできない」というのがその社長の発言要旨でした。

ちなみにその社長の会社では、2か月に1回くらいの割合でクライアントに目新しい提案を続けているそうです。そしてこの作業は極めて難しく、専任担当者を1名配置していると言っていました。


人間の心理として、自分もしくは自社の有益情報や新提案をしてくれる人の言葉には、耳を傾けます。その反対に、時々訪ねてきても単なる時候の挨拶程度で終わるような会話には、耳を傾けてくれません。ですから営業マンであっても、クライアントからしっかり受けとめてもらえる人と、軽くあしらわれる人とに分かれてしまいます。

そしてこれからの時代、生き残ることのできる営業マンは、クライアントに対し、継続的に新しい提案をすることができる人々に限られてきます。


一般的に営業マンは、人当りが良く話が上手で押しの強い人と思われがちですが、これは初期段階で、**中盤以降になると、人間性とか知性・品性が厳しくチェックされることになります。**

ですから私は、人間の職業の中で最高位は営業系の仕事と感じています。そしてどこの社長さんも、営業的センスは素晴らしいものをおもちです。なかにはその逆もあり、そのような会社が業績を低下させ、自然淘汰の対象となっていきます。

そのようなわけで営業に携る人々は、仕事を終えた後とか休日に、家または会社で勉強をしていかないとついていけません。営業系の仕事はあまり勉強しなくていいから楽だと考えたらとんでもありません。営業系の人間こそたくさん勉強すべきなんです。

実際に提案する場合には、「簡単明瞭」を肝に銘じてください。活字でグタグタ書いた提案書は読んでくれません。できればＡ４サイズ１枚で、その内容も活字より図柄を多く使ってください。

当然質問が出ますから、それはあなたの言葉で伝えることにより、コミュニケーションが深くなります。そして何よりも期待する言葉は「こいつ、ポーッとしているようでも意外としっかりしているな」です。同業他社が馴れ合いの営業に終始しているときこそ、差別化のチャンスです。

07 新規得意先獲得に全力を尽くせ

売上高は、「客数×客単価」で表しますが、**売上低迷企業の大きな特徴は、客数が少ないということです。**さらにその客数が増えていきません。

言葉にすれば簡単ですが、新規客を増やすということは、並大抵の努力でできるものではありません。既存の少ない得意先に対し、毎年の増加経費を上乗せした売上を狙いますから、どうしても売価で圧力を受けます。要するに売価を下げないと売れないという状況になります。これもやらざるを得ないのですが、これをやると売上は伸びても、売上総利益は伸びません。その結果、利益は伸びず、ひいては赤字経営に陥ってしまいます。

問題は客数です。会社経営に必要な客数を求め、一刻も早くその数値に近づくよう最大の努力を払います。

しかしどこの会社の販売会議に出席しても、検討される主要項目は、達成率と伸長率がベースで、そこに商品別やそのほかの項目が加わる程度で、新規取引先の増加は、あまり検討されません。

この程度では今期は良くても来期以降の売上が心配です。

クライアントの数は、年々少しずつ減少していくのが常です。年々増加していくケースも稀《まれ》にありますが、市場や商品が成熟化している昨今では、何もしなければ年々減少すると読むのが正解です。

営業社員の配置にも問題があります。

充分な経験もあり、営業能力優秀な社員たちが、大口の得意先を担当します。これは一見理に適っているように思えますが、よく考えてみると矛盾しています。

大口で取引数の多い取引先は、確かに重要なクライアントですが、余程のことがない限り急激な取引減はありません。大口取引先からの要望や注文は確かに厳しいものがあります。これらの要求に即対応するためにはベテラン営業マンが相応しいという理屈が成り立ちますが、私は大口得意先の担当はベテラン営業社員でなく、伸び代のある中堅営業社員が適当ではないかと考えています。

それではベテラン営業社員はどの部分を担当するかといいますと、当社のシェアがまだ低く、もっともっと売り込んでいける余地のある得意先がふさわしいだろうと思います。ただ問題なのは、途中で担当が変わりますと、それを機会に取引を止められることになったりすることがあるから心配です。

もしこの配置が難しいのであれば、取引担当は従来のままにしておき、営業目標として、新規得意先の獲得を数値化して設定することです。

たとえば、「6か月間の売上目標1億円、新規得意先獲得3社」といった具合です。

このようにしないと、新しい得意先は増えていきません。このテーマが実行できませんと、売上は少しずつ減少していき、ひいては赤字経営となります。

新規得意先が予定どおり増えても、これらの今期の売上貢献度は微々たるものです。ですからつい軽く考えがちですが、この少ない売上が将来の会社の売上を支えてくれます。

このあたりを、営業部のリーダーが正しく認識できれば、まず安心です。

08 新規取引先獲得の具体策

会社の売上を伸ばすのに、客数が重要であるということはご理解いただけたと思います。同じ客数でグングン売上が伸びているのは、客単価が上昇したことであり、この上昇は皆さんの努力もあるでしょうが、得意先自身の努力が勝っているケースが多いものです。

ですからある時期に、皆さんは今まで以上に頑張っているのにその得意先に対する売上が、グングン減少していくことがあります。その原因は、なんらかの事情によりその得意先自身の利益が低下しているからなんです。

要するに既存会社への売上は、もちろん皆さん自身の努力もあるでしょうが、当該既存会社の力の入れ方に大きく左右されるものです。

しかし当社としては、必要な売上高をキープしなければなりません。そのための不安定要素を補う意味で新規客の増加が求められているわけです。

それでは具体的な新規客増加策には、どのようなものがあるのでしょうか。考えてみたいと思います。

①既存客に対し、新規客の紹介依頼は厳禁

紹介してもらう方法は、最も簡単で効果的と思われるでしょうが、正反対です。一歩間違えると紹介どころか、そのお客さんをも失いかねません。

紹介を依頼されることは、彼らが最も嫌がることです。その会社に借りができるからです。相手から「紹介してほしい」と頼まれて紹介するのは良いですが、頼まれもしないのに紹介するのはこちらの負い目になります。

さらに紹介を依頼されたことで、現在あなたの会社は売上に苦戦しているんだ、という証明になってしまいます。あなたが紹介を依頼するのではなく、**クライアントのほうから「あなたを○○に紹介したいんですが、よろしいですか」と言わせるようになってください。**これは金星です。

②ダイレクトメールの発送

伝統的な手法です。会社のＰＲ資料などを封筒に入れ、関係する相手方に発送します。ＤＭの内容にもよりますが、電話のかかってくる割合は非常に低いです。費用も若干かかりますから、あまり問合せがないとすぐ止めてしまうケースが多いようです。

低い問合せ率を補うため、発送先に到着した頃を見計って電話をかける方法もあります。発送するだけよりも電話をかける方がまだ効果的ですが、何か新しい情報などをＯＮすると、乗ってくるケースが多いようです。

この方法で最も難しいのは、ＤＭ発送後電話をかける担当者の確保です。既存社員ができれば好都合ですが、アルバイト採用などとなると少々面倒です。ＤＭの作成、発送費用とその所要時間、電話担当者などを総合的に考慮して決めます。

③担当者が直接電話をかける

このやり方が最近はやっています。

ＤＭも送りません。営業担当者が直接電話をかけます。女性の電話担当者ではありませんから、相手方の要求に即対応できるのが強みです。相手にその気がある場合は話が早く、効果的です。一番の難点は、相手方の担当者をなかなかつかまえられないことです。それともう一点、知らない会社からのいきなりの電話ですから、なかなか信用してもらえない点です。社長であるあなたに「電話かけまくり人間になれ」と申し上げてきましたが、このテーマは格好の練習テーマです。電話の訓練も含めて、やられてみてはいかがですか。

④ 業界紙などに広告を掲載する

これは費用がかかります。営業活動をサポートする効果はありますが、直接契約にはなかなか至りません。

⑤ 得意先を訪問した際、近くの同種の会社を訪問する

私が最もお勧めする方法です。遅効性ですが何回も訪問しているうちにお近づきになれます。得意先のA社を訪問した際には、同業種の近くのB社を訪問するのです。それも半期の目標を5社と決めておきます。6社以上はターゲットにしません。営業部員すべてにこの割当てを決めておきますから、この方式が動き出すと新規取引先の獲得には効果があります。

ただこのテーマは根気がいります。自分との厳しい闘いになります。今期の予算は達成率103%、伸長率118%の営業部員は、つい足元だけを見てこのテーマをサボってしまいが

ちです。

ですから売上管理は、達成率・伸長率以外に新規取引先獲得件数も含めて行う必要がありま
す。皆さんの会社の名前を覚えてもらうのに3回訪問が必要です。皆さんのお名前は5回訪問、真面目に話を聞いてもらうのに7~8回、取引開始10回目、おおまかにいうとこんな感じです。その代わり一度つながったお客様とは長く続くというのが、この方式の特徴です。いつも申し上げていますが、訪問する際にはなんらかの情報をおもちすると効果倍増です。少々キツイテーマですが、ある程度の期間にわたり売上を確保するためには、絶対にやるべきテーマです。

09 メールに頼り過ぎるな！ 電話・面談が基本

上司や先輩がよく電話をかける職場の人たちは、ごく自然に電話をかける回数が多くなります。彼らが見習うからなんです。その反対に、連絡をほとんどメールで済ませてしまう上司や先輩が多い場合には、部下たちもメールを多用します。その部屋は朝から比較的静かですが、

電話を多用する部屋は朝から賑やかで活気に満ちています。

現実には両方とも重要ですが、メールの場合は今すぐ読んでもらえるとも限らないし、読みました、了解しましたという連絡が来ない人もいるので、通じたのかどうかという不安がつきまといます。

メール中心の営業活動を展開していると、ごく自然に受け身の習慣が身についてしまいます。相手の動きを待ってこちらが動きますので、攻めの営業から段々と遠ざかっていきます。これでは業績は上がりません。

良い業績を残すには、営業に限らずすべての部署が攻めの活動をしなければいけません。特に営業部に関しては、攻めを忘れたらもうダメです。業績は落ちていきます。

会社の社長が、電話をかけることが苦手な場合、その周囲の社員もつい社長を真似てしまいます。その結果、朝の忙しい時間帯でも、活気のない寒々しい雰囲気に包まれてしまいます。

これではいけません。

単に物事を連絡するだけの場合にはメールも有効な手段になりますが、**双方が自分の主張を**

ぶつけ合うためには電話のほうが親近感が生じて、人間同士のつながりが強くなります。

さあ、あなたが営業部の上司であったら、出勤したら方々に電話をかけまくってください。そうすると、あなたの部下たちもあなたの真似をして朝からジャンジャン電話をかけるようになります。社内も活気づくし、業績も必ず向上していきます。

あなたが電話魔になろうとしたら、朝出勤後なるべく早い時間帯に、５件以上の電話をかけるようにしてください。常日頃から電話する相手を意識しないと、１日５件以上はキツイかもしれません。もしなければ、アドレス帳の中からご無沙汰している人々を探し出し、その人たちにご無沙汰の電話をしてもらうだけでも充分です。

このような積極姿勢が、あなたに幸運をもたらすと同時に、部下たちをも積極人間に変えていきます。

通信機器の発達により、通信手段が大幅に増えました。しかしそのほとんどが一方通行的なものです。しかしここにきて、双方行の電話の効能が見直されつつあります。

「人間は感情の動物」ですから、相手の声を聞きながら話し合い、電話回線の向こう側にある

相手の心理状態がわかれば、これ以上の満足感はありません。残念ながらメールではここまではできません。電話もメールも重要ですが、最近ではメールに頼りすぎているな、と思う場面がたくさんありました。

もう一度電話の効能を見直してみましょう。

10 自分のミスを認めて、好感度アップ!

自分のミスを認めて、相手からの好感度アップを狙っている営業の達人が、私の知人にいます。彼は四十代前半、働き盛りです。顔もいいし身体もスマート、誰と話してもすぐ人を虜《とりこ》にしてしまうほどの魅力の持ち主です。

彼に言わせると、**営業のコツは強く押さないこと**だそうです。初めから強く押すと、人は自分を警戒して会ってくれなくなるので、特に初期段階は注意して強押しは自重しているそうです。

非常に重要なことは、お会いする間隔で、この人とは月2回くらい会う、しかしこの人とは週1回はお会いする、といった感じです。

ただ面倒なことは、会うたびごとにクライアントが喜ぶ何らかの情報やデータを示すことになりますので、この辺りの収集が会社の資料では間に合わないときがあると嘆いていました。

営業の初期段階ではゴリ押しは慎んでいると語っていた彼も、クロージング段階に入るとベテラン営業マンらしく、鋭くまとめ上げていくそうです。

彼は私に次のように語ってくれたことがありました。

「戸田さん、**営業で成功する秘訣は、いかに相手方から信頼されるか、というテーマにかかっています。**早く信頼を勝ち取れば、それだけ商談の幅やスピードが変わってきますから本当に有利なんです。そこで私は、セコイんですが、次のような手を使うことがあります」

その方法とは、ワザと小さいミスを犯してしまい、その非を素直に認め謝罪することなんだそうです。人間は大したミスでもないのに大袈裟に謝られると、その人に対する信頼感が大幅にアップするという事実があります。ミスしても言い訳ばかりして謝らない輩が多い中で、自分の非を素直に認め謝罪してくるそのセンスに、人様は拍手を送ってくれます。

その反対に自分のミスなのに他人のせいにするようなセコイ人間は、すぐ軽蔑されてしまいます。

具体的にはどのようなミスを作り上げるのか、と尋ねてみましたが、具体的には答えてくれませんでした。ただ重いテーマはやめたほうが良いと言いながら、たとえばの話として、申込期限は5月31日なのに、4月30日と言ってしまったことなどの話を挙げていました。

営業ビジネスの中で、クライアントからの信頼を失ったら万事休すですが、この信頼を勝ち取るためには大いなる努力が求められます。

まず明るい性格、嘘はつかない誠実な人柄、業界のことに精通している努力家、自分の目標に一直線に向かっていく一途な人、自分のミスは言い訳などせず、素直に認める謙虚な性格、いろいろあろうかと思います。しかしこの中でも**自分の軽微なミスを素直に認め、謝罪していく姿勢は高く評価されています。**人間とは天《あま》の邪鬼《じゃく》で、完璧な人間を求めているにもかかわらず、相手方の小さなミスを喜ぶ傾向があります。

自分がホッとできるからなんでしょうか。

11 押してもダメなら引いてみな！

私の事務所にも、時々営業の電話がかかってくることがあります。先日もありました。投資用マンションを販売している会社でしたが、たまたま私も事務所にいた関係上、その電話に出てしまいました。そして話を聞いてみたのですが、とても信じられないようなうまい話です。そんなうまい話があるわけはないと思いつつ電話を切りましたが、さあその後が本当に大変でした。

「一度会って私の話を聞いてくれ」の一点張りです。2日に一度くらいの割合で電話があり、「とにかく悪い話ではないので一度話を聞いてほしい」という訴えが1か月間くらい続きました。

あまりにもしつこ過ぎたので、そのうちに「どんなに投資効率の良いマンション投資でも、お前からは絶対に買わないぞ」という心境になってしまいました。

電話で話した感じでは、新人のようには思えませんでしたが、彼の電話手法を考えてみると、先輩から「営業とは徹底した押しが成功するから、相手からしつこいと思われるくらい電話で押しまくってみろ、そして一度会ってもらえ」と教科書的なことを教わっているのではないか、と勘ぐってしまうほどでした。

確かに営業活動の場合、ある程度の押しは必要です。押しの弱すぎる営業マンは何年経ってもウダツが上がりません。**しかしただ強く押すだけではダメで、時には「引く」ことも覚えなければいけません。この引きが入るだけで押しの効果が倍増します。**押しと引きが交互に使えてこそ、優秀な営業マンの称号を手中に収めることができます。

引きが入ることで、「この物件は売れてるみたいだな、あまりモタモタしていると手に入らない可能性もあるかな?」という不安を相手方が感じるように導いていきます。

具体的な活動としては、接触頻度を下げることです。要するに、**「間を空ける」**ということです。今までは月2回ほど電話でアプローチしていましたが、これを月1回に変更します。そしてしばらくしたらまた月2回に戻します。いわゆる揺さぶり攻撃ですね。これが思うようにできるようになると、営業成績は飛躍的に向上します。

それともう一点重要なポイントは、**こちらの提案を受け入れることのメリットを強調すること です。それも電話で、誰もが理解できるような具体的な数値を使ってです**。ただ、「絶対に効果が上がりますので是非私の説明を聞いてください」ではいけません。

「この手法でやると、従来の電気代が半分に節約できます」というように具体的に攻めないと、アポをとることが難しくなります。

相手を攻略するために、意図的に引いてみる。簡単なようで、実際には難しい面があります。このテーマは、自分との闘いだからです。自分としては今徹底的に押してみたい、しかしセオリー面から考えると、今は押すのをやめて引くべき時だという指標が出ているようなときもあるでしょう。

営業活動に限らず、家族問題や友人関係、恋愛問題にも、この一時的に引くというテクニックは必須テーマになります。

あなたの営業活動の中に、「引いてみる」を是非入れてみてください。

12

サラッと数値が出ると、あなたの知性が光る

「優秀な営業マンになるためには何をなすべきなのか」が本書のテーマです。

そのためにはクリアすべきハードルがいくつかあります。「人と会うことが好き」「会ったときの感じが非常に良い」「人間的に信頼できる」などいろいろありますが、短い期間だけ優秀な営業マンでいれば良いのであれば、これらの項目で充分でしょう。しかし長丁場にわたって優秀な営業マンであり続けるためには、これらだけでは不充分です。

知性が必要になってきます。明るい性格で誰とでもすぐ仲良くなれるという性格のほかに、**時々チラッと見せるあなた自身の知性が、相手に大きな安心感を与えます。**

たとえば、以前、話題となった前東京都知事の年収はいくらくらいかご存じですか?

「知事さんてこんなにダラシナイことしてるのに、どうして知事辞職しないのかねぇ」

「給料がいいからなのよ」

「どのくらいの給料か知ってる？」

「うん、給料は月145万円だけど、賞与を含んだ年収は2500万円だって、それに退職金が4年間で3600万円出るんだって、2期勤めたら退職金だけで8年で7200万円出るんだから、そう簡単に知事職は離せないよねー」

「へェー、そんなにもらえるんだ、そんなに高いとは知らなかった」

「ちなみに総理大臣の年収は3400万円、普通の大臣は2500万円だって」

「へェー、そうなんだ、でも君はどうしてそんなに詳しいの？」


このような会話を通じて、あなたが努力家で物知りだという印象が相手の人の脳裏に沁み込んでいきます。それまでは感じの良い営業マンだなという印象が、「うん？　彼は少し違うぞ」に変わっていくのです。

このようにあなたの印象が、クライアントの中に沁み込んでいくとシメたものです。

前都知事の年収は、正式には2526万円で総理大臣の年収は3470万円ですが、細かい下の数値は覚えなくて結構です。細かい端数まで披露すると、少々イヤラシクなりますし、覚えるのも大変ですから。

どのようにしてこれらの数値を覚えるかというと、実は非常に簡単なんです。

まずテレビを観ていると、ニュースなどでさまざまな数値が画面に出てきますが、自分が興味ある数値をパッとメモします。そしてそれを記憶用のメモ帳に書くだけです。そしてそのメモ帳は常時持ち歩き、暇なときに眺める、たったこれだけです。

テレビ以外でも、新聞や雑誌などにニュースソースはたくさんありますが、パッとメモする習慣があれば誰にでもできる芸当です。

営業トークを交わしているなかで、時々ピカッと光るものを相手に感じさせるテクニックは結構重要です。経済問題、歴史問題、政治問題など、優秀な営業マンであれば、これらに精通していなければなりません。しかしこれらのテーマをとうとうとしゃべると、「目線が高いよ」と言われる危険性がありますので、**これらの大きなテーマは、相手から誘われたときにだけ話すといいでしょう。**

それに加えて、何でもいいですから**数値だけを披露する方法は、クライアントさんから嫌われることはありません。**あなたの知性がキラッと光って商談にプラスになります。**しかし得意気に話したら逆効果です。**

13 漢字や熟語に強くなる

営業に強い人間になるためには、絶対に自分の才能をヒケラかしてはいけません。これは鉄則ですからご注意ください。**むしろ意識としては、自分を大きく見せるのではなく、小さく見せようとするセンスが求められます。**そのような人間に人はついていきます。いつもは明るく楽しく過ごしているけれども、どこかの時点で相手を「おやっ」と思わせるような知的な部分を、控え目にご披露するのがコツです。

そのためには簡単な数値を覚えておくのがいいですよ、と前項でお話ししましたが、もう一つ効果的な方法があります。

それは漢字の読み方とか熟語を覚える、というものです。読みにくい、または読めない漢字が私たちの周囲にはたくさんあります。これらの漢字の読み方を覚えていて、必要に応じて披露するのです。

「俺が読めなかったのに、あいつは読めた。なかなかやるなぁ」といった感じになってきます。それを偉ぶらずに謙虚にやるので、あなたの知的イメージは大幅にアップし、今後の商談に好影響を与えます。

読むだけでも立派なことですが、書くことができればさらに立派です。しかしそこまでいくと「引かれる」可能性もありますので、せめて読めるだけで合格としておきましょう。

テレビを観ていると、若いかわいい女性タレントさんが出ている番組があります。その番組の中で意図的なのか偶然なのかわかりませんが、彼女らに漢字を読ませるシーンがあります。しかし大人の女性なのに、正しい読み方のできない方が結構いらっしゃいます。大人なんだから当然読めるでしょう、とこちらが思っていてもトンチンカンな読み方をするので、一瞬シラけてしまいます。可愛いのは顔だけでこんな常識も知らないのかとガックリすることもあります。

読みにくい漢字をどのようにして覚えるかというと、その方法は実に簡単です。

書店に行くと、そのような本がいくつか売っています。それらを購入して覚えるか、新聞雑誌などにもたくさん載っていますので、**少し面倒でも書き取っておき、記憶用ノートにまとめていつも持ち歩くようにします。**

私自身のやり方は、読みにくい漢字や意味のわからない漢字は、英単語カードに書き写しそれをトイレの中に置いておきます。

しかし漢字の世界も奥が深く、何回読んでも覚えられないものがたくさんあります。そこで諦めてはいけません。やり続けましょう。必ず何かが身につきます。

世の中にはたくさんの仕事があります。

どの仕事もそれなりに大変ですが、なかでも営業系の仕事は最高に難しいと思います。いわゆる**総合美**なんですね。どの部分が優れているというのではなく、すべてが優れていなければ成り立たない職業だといえましょう。

ですからどこの会社の社長さんでも、お会いするとわかりますが、ほぼ全員が営業センスに長けています。業績の悪い一部の会社を除いては……。

14 毎朝30分の勉強が優秀な営業マンをつくる

「言うは易《やす》し、行うは難《かた》し」という言葉がありますが、この項のテーマはまさしくこの言葉どおりです。

営業マンとして大成するためには、まず人様から受け入れられることが必要です。コミュニケーション術に長け、人様の懐に飛びこむことができ、そのうえでさまざまなやり取りを展開できてこそ営業の仕事ができるというものです。

しかしこの部分は、営業活動の導入部分といわれるもので、これだけでは長い期間の営業活動を継続展開することはできません。すぐ飽きられてしまうからです。クライアントから飽きられないためには、あなたの腹の底から捻り出す魂の叫び声が必要なんです。それはあなた自身の、「仕事に対する姿勢」とか、「人間性」「向上心」「知性」とかが入り混じった複雑な感情です。

私がここで提案したいテーマは、**「毎朝30分の勉強」**です。これが簡単なようでなかなかできません。1週間くらいは続くんですが、いつの間にか消えてしまいます。

夜遅くまで残業し、帰宅したらもうクタクタ、そのうえ翌朝30分勉強しろなんて正気の沙汰ではないよ、というお怒りの言葉が聞こえてきます。

まさしくそのとおりです。正気の沙汰ではありません。何を勉強するのかという点については、ここでは何も言いません。皆さんが考えついたものならなんでも結構です。

このテーマは知識を吸収することも大切ですが、それ以上に、皆さんが自分自身と闘っている状態を作り出すことに主眼が置かれています。

自分自身と闘っている人は、目が違います。気力に溢れています。鋭さがあります。周辺に知的な雰囲気を漂わせています。そしてこれらが総合されて強力な説得力となり、相手を説得していきます。ですから、自分との闘いを放棄している人は、老若男女を問わず面と向かっても迫力がありません。

もしこの毎朝30分の勉強が習慣化できたら、どんなに素晴らしいでしょうか。雨の降る日でも風の強い日でも黙々と朝勉を続けていきます。時には30分できなくて10分で終わってしまうかもしれない。それでもいいんです。一応机に向かう気力があったのですから。

このテーマの鬼門は休日にあります。明日は休みだからゆっくり眠れると思い、前日の夜、羽目を外してしまう、よくあるケースです。それでも翌朝30分の勉強テーマはのしかかってきます。


長丁場の人生で勝利者になれるのは、セルフコントロールのできる人とよくいわれます。年齢や環境に応じてさまざまな欲求が芽生えてきますから、それらの欲求の一部でも封殺するのは大変な努力です。しかしそれができないと、恐らく人生の目標は達成できません。

毎朝30分の勉強というテーマは、それほど大きいものとは感じません。しかしいざやってみると、これが大変なテーマだとお気づきになります。

「毎朝」というのが曲者《くせもの》なんです。隔日ならそんなに難しくありません。毎朝30分というのは週3・5時間に相当します。週3・5時間なら簡単にできます。

しかしそれではダメなんです。毎朝30分です。そして自分の顔をつくりましょう。

第3章

強力な営業軍団をつくりあげる

01 強い営業軍団をつくるのは社長の仕事！

「はじめに」で、この本を書いてみようと思ったきっかけを述べました。業績の芳しくない会社の社長さんは、概して営業マン向きでないと思ったからです。

ですから私は、まず社長さんに営業マンらしくなっていただき、その後に会社全体が営業に強い会社になってほしいと願っております。

逆に好業績を残している会社の社長さんは、個人的には非常に営業マン向きであり、会社全体がある種のエネルギーに満ち溢れていました。

社長さん自身が強い営業マンとなり、商品や会社を売り込んでいく、その後にその力で営業系の人間を育て上げ、強い営業軍団をつくり上げていく。

これが本書の狙いであります。ゆえに社長さん自身が営業に強い人間になったので、本書の役目は終了ということではなく、次のステップは、いかにして強い営業集団を作り上げるかがテーマとなります。

こう考えてくると、社長の役割は、営業マンから営業マネージャーに昇格し、社員を育て上げることに全力を尽くすことになります。

「勇将の下に弱卒なし」という言葉どおり、優秀な営業マンの部下には弱い営業マンはいません。部下は無意識のうちにリーダーのマネをし、優秀な営業マンに育っていくからです。ですから、まず社長さんが勇将となり、次にそのノウハウを駆使して部下を育て上げます。

営業に弱いリーダーが、営業に強くなるということは大変なことです。相当な苦労がつきまといます。しかし、やってできないことではありませんから、思い切って挑戦してください。

それよりも大切なことは、動機です。

「このまま進めていって会社を倒産させるか、それとも一念発起して難題に挑み、会社を盛り上げていくのか、あなたはどちらの道を選びますか」ということです。

資金に余裕のある会社では、有能な営業マンを雇用して営業責任者とし、営業部隊を作り上げるという手もあります。しかしこの方法は、責任者の途中退職とか、社長と営業責任者との意見の不一致などもあるので、できれば社長さん自身に変身していただくのが、最良の道だと思います。

「営業に弱い社長が、営業に強くなる」

こんなに難しいテーマはありません。

しかし昔から「意あれば道あり」といわれているように、本当に人間が決心したら、できないことはありません。成就するまでの期間に充分な余裕があるならば、いかに難しいテーマでも達成することができます。

「為せば成る、為さねば成らぬ何事も、成らぬは人の為さぬなりけり」という有名な諺にもあるように、粉骨砕身、全力で挑み、良きセールスリーダーに変身してください。

人間は生まれながらにして、DNAをもっています。両親や祖先から受け継いだ良い点悪い点ですが、これをそのまま受け入れたのでは、人生の面白みがありません。悪い点は改め、良い点はさらに伸ばしていくという人為的な努力があってこそ、人生がおもしろくなっていきます。恐れずに挑戦しましょう。

02

営業マンから営業マネージャーへの転身

会社の業績をチェックしたとき、数字の悪い企業の特徴は、「営業力が極めて弱い」と何回も申し上げてきました。本書を書くことになったきっかけも、実はその辺にあるんだということも何回も書いています。なかでもリーダーが弱い、ボスが営業に対する関心が低く、自らの営業力も弱い場合には、例外なくその下で働く営業社員の能力も低くなっています。これでは会社の営業力が強くなるはずがありません。むしろ弱体化するだけです。

そこで私は、営業部隊を強化するためボス自身がまず優秀な営業マンになり、次のステップとして社員たちを優秀な営業部隊に育て上げることを提唱しております。

ところが実際にやってみると、自分は社長だから優秀な営業マンになる必要はない、それよりも実際に営業に強いベテランを責任者に置いて、部下を育てれば良いと考えている社長が多いことにビックリさせられました。

企業経営は、一寸先は闇です。

何が起こるかわかりません。前期までは素晴らしい業績を残していたのに、放漫経営をしていた結果、大手得意先の倒産に引きずられて連鎖倒産するなんてことはザラにあります。大半の場合、社長は自己破産しますので、再起が非常に難しくなります。

社長業にはたくさんの仕事がありますが、その中で特に二つだけ挙げてみます。

その一つは**資金調達能力を高めることです。**単に借入れする能力ということではなく、自分で貯めこむ力も意味します。会社設立時に借入れをせず、すべて自己資金か出資者の出資金で設立する気概のある社長でいてほしいということです。設立後も毎期利益を計上し、10年後には自己資本比率70％の会社に仕上げる意欲をもってほしいものです。そうなれば、大口得意先が倒産しても、連鎖倒産は免れることができます。

もう一つ社長のやるべきことは、**自分が最も苦手とする業務を率先垂範でやってみること**です。技術畑で育ってきた社長は営業が弱い。営業畑で育ってきた社長は技術が弱い。この弱い領域に積極的に挑むのです。

当然もがき苦しむはずですが、その無様な姿を社員連中に見せることです。初めのうちは陰でクスクス笑っていた社員たちも、少しずつ見る目が変わってきます。

そして最後には「尊敬の念」に変わっていきます。

これぞまさしく、社員教育なんです。

営業に弱い社長が、手探りで強い営業マンになろうと必死で努力する。そして辛い思いを何回となく繰り返し、社長自身は優秀な営業マンになりました。しかし社長の本当の仕事はこれからが本番です。


業績悪化のおもな原因は、営業部隊が弱いことなりと私は申し上げているので、社長が営業に強い人間に生まれ変わったら、そのノウハウで営業部隊を強化する必要があります。ですから社長は、自分が優秀な営業マンに変身できたことに満足することなく、自分の存在理由は、自社の営業部隊を強いものに仕上げることにあると思い込んでください。

まさしく、優秀な営業マンから優秀な「営業マネージャー」への転身です。

これができれば、会社の業績は回復していきます。

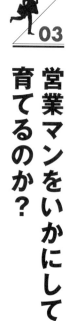

03 営業マンをいかにして育てるのか？

あなたは、社内のトップ営業マンになる道を歩いています。この道は奥も深く、長い道程ですので、そう簡単に極めることはできません。しかしあなたは社長ですから、自分が営業マンとしての実力をつけてきたら、その技術を駆使して社内の営業マン教育を進めなければいけません。そして最終的には業界内の同業他社に負けないような強い営業マン集団を形成する使命があります。

自分がトップ営業マンになることと、自社内に強い営業軍団をつくり上げることとは、全くスキルが違います。自分はトップ営業マンになれても、部下をもつ管理者になることが不得手な方も、多数いらっしゃいます。その反対に個人としてはトップ営業マンになれなくても、セールスマネージャーとして大活躍していらっしゃる方も大勢います。

そして社長であるあなたには、この両方を極めていただきます。なぜならこの両方を極めることはものすごく厳しく、自己管理をしっかりやらないととても到達できないからです。このテーマが実行できないようでは、艱難辛苦《かんなんしんく》が連続する社長業を続けることはとてもできません。

別項で「背中教授法」や「同行指導法」については述べていますから参考にしていただくとして、ここでは社内における言語指導法についてお話ししてみます。

◉営業会議

どこの会社でも月1回とか2回の営業会議は開催していると思いますが、その中に営業テクニック研修的要素を織り込んでいきます。社長の失敗談もおもしろいですし、同僚たちの成功談も注目されます。

◉勉強会

営業会議のメニューが多く、勉強会的要素が入り込む余地のない場合には、営業会議とは別に「勉強会」を開催します。月1回くらいのペースで、時間はあまり長くしないのがコツです。場合によってはゲストを招き講演をしてもらうのも一法です。

◉他社の勉強会などの見学

同業他社の勉強会が望ましいですが、このような機会は滅多にありません。異業種でもＯＫ

です。雰囲気は充分把握することができます。

◉マンツーマン指導

特に業績の悪い営業マンには、社長自身が言語でマンツーマン指導を行います。これは教えると同時に社長自身の勉強にもなりますので、大いにやってください。コミュニケーションの改善にも役立ちます。

◉先輩営業マンにつけて教育する

ある一定期間、優秀な先輩営業マンに預けるのも一法です。これで覚醒する営業マンも数多くいます。

◉キャンペーンを行う

達成率か伸長率か、それとも回収率を基準にするかは別として、タイミングを計りながらキャンペーンを打つのも一つの方法です。しかしやり過ぎは厳禁です。

最も効果的な営業マン育成法は、営業が不得手の社長が、自分の努力で優秀な営業マンに変身していく様を、社員たちにつぶさに見せることです。これ以上の教材はありません。

さらにこのような会議や勉強会を多く行えば、社長の出番は必然的に多くなりますので、社長のスピーチ力は向上し、社内のリーダーシップは強くなります。

04 部下は知らない間にも社長をマネている

真の教育とは、言葉ではないと思います。

いくら巧みな言葉を使って教え込んでも、受ける側が真剣に受けとめないと、効果はあまり期待できません。それではどのような行為が教育上大きな効果があるかといいますと、自分の行動を見せることです。それも、見せるという意識を捨ててです。

自分の仕事に全力で打ち込み、その姿を周りの人が見たとき、時間はかかりますが周囲の人の心境は少しずつ変化していきます。

父親が仕事に真剣に立ち向かう姿を見て、子供たちが親父の仕事をやってみたいと言い出すアレです。

あなたは社長ですから、立派な指導者です。

であるならば、自分の行動はすべて社員たちに見つめられていると思い込んでください。そして、知らず知らずのうちに真似されていると考えるべきです。

消極的な社長の下では、社員も覇気のない消極人間になってしまいます。

反対に活発なポジティブ人間を演じていると、社内はごく自然に活力に満ちた明るい雰囲気になります。会社の好業績は、覇気のない薄暗い雰囲気からは生まれてきません。

指導者は、自分の行動そのものが教材であるという認識を強くもたなければなりません。

言葉は、行動を補助するための手段なんです。いつも能書きばかりを言い、行動力に欠ける社長が、社員に強力なハッパをかけても社員は動きません。それに引き換え、言葉数は少なくとも朝早くから夜遅くまで懸命に働く社長の姿を見ていれば、いかなる社員でも「よーし、やってやろう」という気持ちになってきます。

社長は、いつも自分の行動は社員たちから見られている、そして自分の思考や行動こそが教材であり、社員たちを育てていくんだという気持ちを強くもつ必要があります。

そして社員たちに伝える言葉はその補助手段であり、行動では示すことのできない長期構想や価値判断の事例などがおもなものになります。

各部の責任者が育ってくれれば、社長も多少は肩の荷が下りますが、それでも全社員は社長の行動をよく見ています。そして本人も気づかないまま社長の真似をするようになります。

過日、ある会社を訪問したときの話です。

そこの社長とはそれ以前に3回ほどお会いして、元気の良い若社長だとはわかっていました。その会社は社員30名くらいの中小企業で、1階のフロアには15名ほどの社員が仕事をしていました。

驚いたのは、会社に到着しこちらの名前を名乗った途端、15名ほどの社員全員が椅子から立ち上がり、さわやかな笑顔で「いらっしゃいませ」と言ってくれたことでした。社長もその15名の中に含まれていましたが、このような歓迎を受けたのは久しぶりだったので本当にうれしかったし、驚きもしました。

社長は、自分の行動はすべての社員から注視されているし、真似されている。そしてそれが教材になっているんだという自覚を強くもたないといけません。

05

背中教授法の驚くべき効果

寡黙な父親がいました。職人さんです。

自宅の狭い敷地の片隅に小さな小屋を建て、その中で仕事をしていました。利幅の少ない仕事で、朝から晩まで仕事部屋に入りっ放し、2人の男の子がいましたが、育児教育はすべて母親任せです。

高校時代、その長男は野球部に所属し、仲間たちと青春を充分に謳歌していました。高校3年生に進級した直後、進路相談で母親と長男は先生から呼び出されました。

その席上で先生は、次のような質問を長男に投げかけたそうです。

「君はあと1年したら卒業なんだけど、どんな職業についてみたいと思ってる?」

間髪を入れず長男は、次のように述べたそうです。

「僕はお父さんの仕事を継ぎたいと思っています」

その声を聞いて、母親は絶句しました。

どこかの大学に進学して、野球部に所属し、もう少し野球というものを極めてみたい、という返事が返ってくるものと予想していたからです。

家に帰り母親は、本日の様子を父親にありのままに話しました。父親は、自分の仕事は継いでほしくないと思っていることを、母親に語ったそうです。

そして２人が共感したことは、仕事だけに没頭し、子供たちの面倒もろくに見ず暮らしてきた父親を、子供たちはしっかり見ていたんだということでした。

ロクな会話もせずに暮らしてきた父親の姿を、子供たちは一人の立派な大人として、仕事人として眺めていたのです。

これに似たような話は随所で聞きますが、教育というのは面と向かって話をするだけのものではありません。キチンと言葉で話さなくても、その人の背中を見てもらうだけでも立派な教育になるということです。

「言葉を使わず、背中で教える」

威圧的でない分、相手の心に沁み込んでいく度合いは強いものになります。

あなたは社長です。あなたの行動は、すべての社員から注目されています。あなたが良いほうに変われば社員たちも良くなります。悪いほうに変われば社員たちは悪くなります。最も悪い形は、社員たちには素晴らしいことを話すけれども、自分のやっていることは全くその逆というパターンです。これでは優秀な社員も育たないし、会社の業績も低迷します。

社員の指導・育成にはたくさんのパターンがありますが、この背中教授法は簡単です。しかし効果が出るのに時間がかかるというのが難点です。でも一度効果が出始めると、もう落ちません。

本書の中では、「社長はこうあるべき、こうすべき」というテーマがたくさん出てきますが、これらを全部実行してください。しかもそれらが社員からよく見えるような形で実行してください。知らず知らずのうちに会社の業績が向上していきます。

子供たちは見ていないようで、自分の親をよく観察しています。社員も全く同様で、社長をよく観察しています。背中教授法は遅効性ですが、計り知れないほどの効果を発揮してくれますので、社長さんに是非マスターしてほしい手法です。

06 同行指導法により、マンツーマンで教える

まず自分がその道の達人になる。そうしたらそのノウハウを後輩たちに教えていく。人の上に立とうとする人間は、自分が上達しただけで満足することなく、常時自分が体得したすべてを、他人に伝えていくという使命感を持ち合わせるべきです。

その結果、そこにはサークルが生まれ、そのグループの一つが会社であったり、地域の皆さんの集まりであったり、趣味集団であったりするわけです。

社員を育てる方法はたくさんありますが、本項ではその社員と同行して指導する同行指導法について考えてみたいと思います。

子供でも社員でも同じですが、その人に物事を教えようとした場合、まず言葉でその旨を伝

えます。それも形を変え、繰り返し同じことを伝えていきます。それでも完全に伝わる割合は、1割程度といわれています。教える側は、せめて教えた部分の5割程度は頭の中に残っているだろうと希望的観測を抱きますが、残念ながら吸収部分は1割程度で、残りの9割は忘れ去られていきます。

これを繰り返すことにより、残留部分が多くなります。ですから昔から「同じことを10回言え」という言葉があるのです。

しかしこれは致し方のないことです。今でこそ社員の上に立って偉そうにしゃべっているあなたも、若い頃の修業時代は先輩や上司の話も上の空だったんですから……。

言語によるこの指導法の弱点を補う意味で、その社員を自分の営業活動に同行させせながら教える「同行指導法」が生まれてきました。

言語では伝え難い部分を、先輩である自分に同行させ、個別に教え込んでいく作業で、これは抜群の効果があります。現在優秀な営業マンはその昔、先輩や上司から厳しく鍛えられた経験を全員がもっています。

社長であるあなたは、部下である社員たちのレベルに合わせ、いつか必ずこの同行指導法を実践しなければいけません。言語だけでは、彼らが成長することができないからです。

それでは同行指導法で、社員たちにどのような点をチェックし教えるのかを次に記してみます。

◉服装

お客様とお会いして失礼のない服装かどうかをチェックします。背広の色や形、ワイシャツ、ネクタイまで厳しく見ます。特に若い人はネクタイの締め方がゆるい人がいますから要注意です。

◉歩き方

特にお客様の会社の近くは要注意です。いつ会社の外でお会いするかわかりません。胸を張り大股で力強く歩くよう教えます。元気のない年寄りじみた歩き方は厳禁です。

◉挨拶の仕方

若い方はこの挨拶がなかなか苦手のようです。出会い頭の笑顔から、名刺の出し方、挨拶の仕方から、座る位置までです。

◉商談中

脇《わき》で聞くときの態度、うなずき方などです。

◉退去時の挨拶・マナー

ここをしっかりやらないと相手から信用されません。相手に「なかなか良い青年だ」と思わせることです。

◉退去直後のビル周辺

ビルの中、またはビルの外は要注意です。

いつ誰に見られているかわかりません。訪問が終わってだらしない態度を見られることがよくあります。

◉訪問後のまとめ

会社に戻ってからでもいいし、カフェでコーヒーを飲みながらでも結構です。社長であるあなたは、同行した社員に対し、わかりやすく今回の訪問の良かった点、また注意すべき点を教え、今後の教材にします。

07

指示命令は明確に出し、報告を義務づける

うるさ過ぎる社長も困りますが、方針や指示を明確に出さない社長も、社員から見たら困ったものです。

事を起こしてからグチグチ言われるよりも、事前に「このようにしてはいけない」「○○月までにこのテーマは完成させなさい」と言われるほうが、社員から見たらやりやすいようです。うるさ過ぎる社長も、ただ社員に言うだけで自分の行動は様になっていないという方が社長族の中には結構いらっしゃいます。

そこで社長は、会社の業績を上げるために機会あるごとに社員に話す必要があります。最低でも次の3点は必ず語るようにしてください。

会社の将来像を話して聞かせる

あまりにも大きな目標を提示すると、社員は本気と受け取らないかもしれません。しかしその後の実績や社長の言動を見て「もしかしたら……」と社員が思うようになれば、しめたものです。折あるごとにチャンスと見たときは、自分の構想を話すようにしてください。今までは社長の言葉に耳を傾けなかった社員たちも、社長の取り組み姿勢を見て会社の将来に可能性を感じるようになります。

指示、命令は明確にする

いつもグチグチ言うと、グチ親父のアダ名をもらうことになります。大切なことは、なぜこの指示・命令を出すのか、なぜ出す必要があるのかという点をよく説明することです。具体的に「こうしなさい」と指示しますが、もう一つ大切なことは、「いついつまでに結果を報告しなさい」ということです。**まず期限を明確に示すこと、次に報告を義務づけることです。**

これにより、指示、命令が明確になりますが、期限を切ったり、報告を求めることは、立派な社員教育です。これを続けていると、社員たちは「報告」という行為を自然に受け入れてきます。さらに期限を明示することで、項目の重要性を察知するようになります。

自分の考えをわかりやすく伝える

雑談のときでもいいし、会議やミーティングの場でもＯＫなので、「自分の考えはこうです」と明確に話す機会を多くもつようにしてください。

企業経営は、最終的には洗脳作業です。社員や取引先に、折あるごとに自分の考えを理解してくれるよう話し込んでいきます。物事の価値判断とは不思議なもので、その物事を見る角度によって変わってきます。

ある角度から見たら善であるけれども、反対の角度から見ると悪に見えるケースがたくさんあります。社長はその辺を見極め、社員たちが判断に苦しむような問題を投げかけます。

業績の良い会社の社長を眺めてみると、共通する部分がたくさんあります。まず**比較的気が短い、結論を出すのが早い、行動的である、話はあまり上手ではない**などいろいろあります。

しかしさらに顕著な点は**欲求が強い**ということです。家族を守るため、社員を守るため、自分の趣味を継続できるようにするため、これらの強い欲求を実現させるために「自分の仕事に全力を尽くす」という傾向があります。そしてその目標実現に命がけで臨むことも大きな共通点です。

08

「厳しく叱れる」上司であれ

社員が失敗しても叱らないし、良い事をしてもあまり褒めない社長がいます。このような会社の社員は、概してダメ社員が多いようです。

「人間はどのようにして成長するのか」という簡単な理屈がわかっていないのです。

叱られもせず、褒められもしない社員たちは、何をやっても無気力で、会社の業績も低迷していきます。

「社員を叱る」ということは大変難しいことです。

叱られたため退職するのではないかとか、ふて腐れて仕事を怠けるようになるのではないかとか、不満をほかの社員に言いふらし扇動するのではないかとか、いろいろと考えてしまいます。これらのことを考えていたら、とても社員なんか叱れません。「叱る」という言葉は適切でないかもしれませんが、注意するということです。若いときから完成している社員なんかいません。上司や先輩社員から叱られて少しずつ成長していきます。叱ると同時に褒めることも人間を育てるためには必要なことですが、褒めることより叱ることのほうが数倍難しい技と言わざるを得ません。

以前、「叱ることをせず、褒めることに徹しよう、そうすれば社員は伸びる」というフレーズが流行したことがありました。しかしこの考え方も長続きしませんでした。

社員が有頂天になり、自分は優秀なんだ、自分は偉いんだという空気が社内に蔓延し、外部企業から大いなる顰蹙《ひんしゅく》を買ったことがあります。

人間は褒めるだけでは成長が止まります。

自分のしでかした失敗は、自分では気づきません。その失敗を上司から指摘され、なぜそうなったのか、防ぐことはできなかったのか、今後どのように対処するのかを、経験豊富な上司と相談するのは、非常に有益です。これらの経験を通じてあらゆる職種の人間は成長していきます。

しかし叱る側にも大きな注意点があります。

その一つは、まず**事実関係を確認する**ということです。

噂とか風聞だけで叱ることは避けてください。必ず裏をとって、それが事実と相違ないかを必ず確認してください。

もしこの確認を省略して叱ってしまいますと、あなたの信用はガタ落ちになります。これをやられた社員は、必ず仲間たちに言いふらすからです。それ以外にも退職するケースさえあります。


次に大切な点は、**決して感情的になってはいけない**、ということです。話している途中に相手の態度が硬化し、それに応じてこちらも多少感情的になるというのであれば、許される場合もあります。あの人は嫌いなタイプだから、ついこちらも感情的になってしまったというのは許されません。人間はいつどのように変化するかわかりません。

怠け者の男が、子供ができたことにより真面目人間に変身したとか、気が強くて感じの悪い女性が、結婚した途端、顔の表情も柔らかくなり優しい女性に変わったとか……。

このような事例には事欠きません。すべての人間が、いつどのように変身するのかは、我々の想像の域を超えています。叱り上手になる秘訣は、どんなに厳しく叱る場合でも、**「自分の**

手でこの人間を育ててあげるんだ」という強い意識を忘れないことです。この心があれば、多少の行きすぎは許してもらえます。さらにできれば、厳しく叱る前後に褒める行為を入れてみることです。褒めるところを探すということです。

09 研修会、勉強会に参加させる

「自分の父親の意見は聞かなくても、ヨソの父親の意見には耳を傾ける」

昔からよく言われていることですが、まさしくこれが人間の真実です。

どなたでも胸にソッと手を当ててみれば、自分も確かにそうだったナとうなずけるはずです。

「うるさいなァ、そんなこととっくの昔にわかっているよ」と反発したあなたが、親元を離れて一人暮らしを始めてみて、昔の父親の言葉にうなずいています。

または父親が亡くなってから、その言葉の真の意味を教えられることはたくさんあります。

この辺の社員の心理を考慮して、社外の研修会に派遣するのも効果的です。

若干の費用はかかりますが、一部の社員を派遣し、戻ってきたら営業部員を集めて発表会を開催します。そこで体験発表です。

この席で多く出る感想は、「先生はこのようにおっしゃっていましたが、これはウチの社長が以前から私たちに話していたことと同じです」という類のものです。

この発表会は、参加しない社員たちにとって大きな刺激になります。次に同種のものがあったら、自分も参加させてもらおうと考えるようになります。日帰り研修会も、宿泊研修会もありますが、費用の点や仕事を休むことを考えると、日帰り型で充分です。

私の事務所でも年に何回かは、この手の研修会に出席させています。その大半が半日程度の研修で、時間にして3時間から4時間くらいです。

その狙いは、**勉強癖をつけること**にあります。

私の仕事も、税法の改正などが相当量ありますので、所員たちは仕事を終えてからどうしても勉強せざるを得ません。しかしながら怠け癖は人間の常で、わかっていても勉強しない期間がどうしても発生してしまいます。この怠け癖を治す意味で、研修会に出席させています。今のところは、狙い通りの効果が出ています。人によっては、仕事をする時間がそれだけ短縮されるわけだから、もったいないという方もいます。

しかしこれも考え方次第です。レベルが上がるわけですから、全体としてはプラスに作用していると私は考えています。

社員の研修会参加の最大のメリットは、「社長が社員たちのことをまじめに考えていてくれる」という社員からの評価です。仕事に対して、社長はどちらかというとウルサ型で厳しいものです。

「業績の悪いときの社長の叱責は、本当にこたえるなぁ。しかしそんな社長でも、俺たちの将来のことを考えていろいろと対策を打ってくれているし、その一つが研修会参加促進か……だから厳しい社長だけれども、自分はついていきたい」――社員からこのように思われたら、社長冥利に尽きるのではないでしょうか。

このような社長とは反対のタイプで、仕事の面であまりうるさくない社長もいます。どちらかというと放任型で、結果として売上も伸びないし業績も低迷したままです。

自分の家族のことも、社員やその家族のこともあまり真剣に考えていません。「業績が悪化したので給料を下げます」なんてことを平気で言えるタイプです。

当然自分に対しても甘くなりがちで、ゆくゆくは倒産していくタイプです。

仕事に対して厳しい社長、もしくは厳しくない社長、さてあなたはどちらの社長を選びますか？

10 すべてを教えてはいけない、考えさせると部下は育つ

少し風変わりな営業課長がいました。部下は7名ほどでしたが、3つの課の中で、このグループの成績がいつもトップなんです。飄々《ひょうひょう》とした課長で、部下にあまりうるさく言いません。

もちろん肝心な点は外しませんが、どちらかというと、「お前ら自分で考えて、良いと思う方法でやってごらん」方式なんです。

この営業課長の考え方は、あまり事細かく教えてしまうと、自分で考えようとしないから、イザというとき売上が止まってしまう、やっぱり自分で考える習慣をつけないと人間は伸びて

いかない、というものでした。

私もたくさんの営業管理者とお会いしているので、その辺の実態はわかっていましたが、この営業課長のやり方は少し変わっていました。

一般的には、70％くらいを教えて残りは彼らに考えさせますが、彼は30％くらいしか教えません。70％くらいは自分で考えて思うようにやってみろ、なんです。

この点に関して私も疑問を感じ、課長に質問してみました。

「どうして30％しか教えないんですか」

彼の返事は、次のようなものでした。

「人間それぞれに個性があります。販売の仕方も統一された一つの型があるのではなく、個性の数と同じだけの売り方があります。私が期待しているのは売り方の型でなく、結果としての売上実績なんです。ですから彼らには、型はどうでもいい、売上の数字だけはショートしてはいけない、と口を酸っぱくして話しています」

「30％教えただけで彼らはすべて理解できるんでしょうか」

「ええ、もちろんわからない人もいます。その場合にはいつでも質問しなさい、と言っています。質問自体も考える訓練になっています」

部下に考えさせることが重要です、と言い切る課長の言葉の裏をとるために、部下である社員の何人かに聞いてみました。

その答えを総合すると、部下たちの課長評価は、すこぶる良好でした。

ある部下のコメントです。

「売上予算の達成にはうるさく言ってきますが、そのやり方は任せてくれるのでやり甲斐があります。私たちが困ったときには、親身になって相談に乗ってくれるので、全く不便を感じません。私たちを信じてくれているのがうれしいです」

私は再びその課長に聞いてみました。

「あなたが営業マン時代、上司からそのように教わったんですか」

「いえいえ、全くその反対でした。事細かく、うるさく注意され続けました。その影響ではないんでしょうが、私の営業マン時代の成績は芳しいものではありませんでした」

その課長は、この時代の体験が基になり、**もし自分が営業の管理者になったら、自分の部下**

には事細かく教えるのはやめよう。彼らに考えさせよう。たとえ何度失敗してもいいから、自分で考えた方法でやらせてみようと思ったそうです。

人間はどのような才能をもっているのかわかりません。その才能を開花させるには、既成観念を頭ごなしに押しつけるのではダメだということを、この課長は我々に教えてくれています。

11 上司を育てるために部下をもたせる

社員を育てるために、ベテラン社員の部下にするという話はよく聞きますが、中堅もしくはベテラン社員を良くするために部下をつけるという話を聞いたことはありませんか。業種の枠を超えて、あり得る話なんです。

現実には年齢もある程度重ねてきているし、それなりの経験も積んでいる。しかし業績のほうがあまりパッとしない。でも新しい社員も増えてきているので、やむを得ずその先輩社員に新人社員を部下としてつけてみた。

そうしたら彼は、様変わりをしたのです。

今までのダラダラしていた社員とは異なり、新しく部下となった社員に対し適切な指示は出すし、わからないことがあれば実に親切に教えるし、立派な上司に変わってしまいました。

もちろん新人社員の業績も気にしていますが、自分の業績もこれを機にグングン上昇していきました。これを見ていた同僚や先輩社員たちは、「彼はようやく上司という立場がわかってきたんだナ、そしてやり甲斐を発見したんだ」と話していました。


すべての社員がこのように変化するとは限りませんが、しかし一般的には充分あり得る話です。部下をもつようになれば、少しは良い点を見せなければいけません。先輩面をするだけでなく、自分も恥ずかしくない実績を残さないと、メンツがつぶれます。

これらのプライドを逆利用して、**出来の悪い先輩社員に若手の社員を部下として配属し、そのダメな先輩社員を活気づけるという方法**もありますので、ご注目ください。

もちろん、すべてが成功するわけではありません。当初の目論見どおり進まず、失敗する例もあります。しかし私の知る限りでは、成功事例の方が確実に多いようです。

人間が豹変するためには、何かのきっかけが必要です。

たとえば父親の死をきっかけに悪の道から足が洗えたとか、会社をクビになったショックでまじめ人間に生まれ変わったとか、いろいろあります。

今までは社内で最も業績の悪かった営業マンが、会社でなんらかの表彰を受けたのをきっかけに力をつけ、とうとう社内のトップ営業マンになったという話もありました。

ウダツの上がらない先輩営業マンに、若手営業マンを部下につけて活性化させるのも、一種のショック療法です。

ビジネス社会では、絶対的ルールというものはありません。人間によって変わります。時代によって、環境によってその方法は変化していきます。

ある方法でAさんが成功したので、Bさんも成功するとは限りません。BさんもAさんとは違うだろうし、相手方の人間性も違ってきます。

今のような時代のビジネスでは、とにかくアレコレ試してみるのがポイントで、その中から自分なりの法則を作り上げていきます。ライバルとの差別化とか逆発想なんかは特に重要で、このように考えると、「上司を育てるために部下をもたせる」という案もあって当然です。

12 褒められ、認められることで人は動く

「アメとムチ」という言葉はあまりにも有名で、少々品のないイメージはありますが、人使いの要諦はここにあると思います。**人なり組織なりを上手に動かすためには、是は是、非は非として明確に打ち出すことが大切です。**

別項で「厳しく叱れる上司であれ」と述べましたが、悪いことをした社員に対して厳しい注意や良き指導のできない社長は失格です。

これと同時に、良いことをした社員の功績を認め、これらを褒め称えるアクションも社長はできなくてはいけません。

褒められて、気分を悪くする人はいません。ただオーバーな褒め方とか、嫌味たっぷりな褒め方は逆効果になりますが、多少控え目な褒め方は全員が大賛成です。

その反対の「叱る」という行為も誤解されがちですが、その理由が明確な場合には、決して

嫌がられません。むしろ後々感謝されることが多く、社長のリーダーシップは強くなります。

最も良くないのは、叱りもしない、褒めもしないというタイプです。社員から見たら「うちの社長、何を考えているんだろう」と勘ぐられてしまいます。

このような社長の会社では、社員のモラルは低く、定着率も良くありません。

褒めるときも叱るときも、全身全霊で社員に向かうような、気力溢れる社長でいたいものですね。

褒める場合にも多少のコツがありますので、述べてみます。

まず何を褒めるのかという問題ですが、売上・回収はもちろんのこと、勤務状況や部下の指導育成、なんでも結構ですから気づいたことは積極的に褒めてあげましょう。ただ、褒められる人がある人に偏ってしまうと本人も嫌がりますから、注意しなければいけません。

次に誰を褒めるかという問題ですが、最も多いのは直接本人を褒めるというケースです。

「この行為はほかの社員にもやってほしい」という場合には、会議や朝礼などの場で発表します。本人と全員の前、両方も可です。

ただこの場合気をつけてほしいのは、オーバーに褒めないということです。これをやられますと、褒められた本人が恐縮してしまい、逆効果になる場合があります。全員の前で褒める場合は少し控え目なくらいがいいです。

褒める相手ですが、直接本人にではなく、全員の前でもないという場合があります。それはその人の上司や同僚、取引先の人々です。具体的な事例を褒めるのではなく、「彼は一生懸命頑張っている」的な内容が適しています。

もし仮に、得意先から次のように言われたら、誰でも喜んでしまいます。

「○○君はまじめに仕事頑張ってるんだね、先日、社長が君のことをエラク褒めていたよ」

叱ったり注意したりすることが上手な社長さんはたくさんいらっしゃいますが、褒め上手な社長さんは少ないようです。褒めるということは、意識しないとなかなかできません。

また褒めすぎる社長も良くありません。社員は褒めておけばよく働く、と勘違いしています。

理想の形は7対3です。7が注意・指導で3が褒めです。あなたも褒め上手な社長になりましょう。

13 海外旅行の思わぬ効果

社員の功績に対し、何か報いたいとお考えなら、私は海外旅行をお勧めします。たとえ目立つような功績がなくても、福利厚生面で考えても、全社員を引きつれての海外旅行は非常に喜んでもらえます。

社員数にもよりますが、一度実施するとなると結構なお金がかかります。ビジネス環境も非常に厳しいですから、取引先からも仕事がストップすることで顰蹙《ひんしゅく》を買うことがあります。また最近、特に治安が悪くなっている国もありますから、万が一のことを考えた場合、つい腰が引けてしまいます。

それでも私は、事情の許す範囲内で、社員の海外旅行は実施したほうが良いと考えている一人です。

どうしてこのような考え方に至ったかといえば、私自身がこのテーマを実施してきたからです。私自身が海外旅行大好き人間で、その効果も熟知していたので、その体験を社員にも味わってもらいたいと考えたのが動機でした。

そこである年から、年1回の海外旅行を実施しました。

しかし少しずつ世界の治安が悪くなり、十数年前、ニューヨークの世界貿易センタービルにハイジャックされた飛行機が衝突した年、事務所全体の海外旅行を中止しました。それまでは、16年間毎年実施していました。中止の理由は治安の悪さですが、万一のことを考え、お客様やご家族にご迷惑をおかけしてはいけないという思いからでした。中止したその年は、12月にバルト三国に行く予定でした。

私が海外旅行をお勧めする理由を申し上げます。

その理由とは単純明快、私自身が海外旅行大好き人間だったからです。そしてその効果もよく知っていました。こんなに素晴らしいことは、社員のみんなにも味わわせてやりたいという気持ちが出発点でした。

私もせっかち人間ですから、やると言ったらすぐやりたい。最初の年は資金的余裕もなく、旅行資金は借入金で賄いました。次年度からはそれ用の積立てをしましたので資金面では大丈夫でした。ちなみに、海外旅行での社員負担はありません。初めの1～2回は近場のアジアでしたが、次第に旅行先が欧米諸国となり、先進国のほとんどは見て回りました。アメリカ、カナダ、オーストラリア、イギリス、オランダ、フランス、ドイツ、ハンガリー、イタリア、スペイン、ポルトガル、オーストリア、ポーランド、ベルギー、シンガポールなどの国々です。

特にポーランドのアウシュビッツ収容所跡を見たときには、私を含めすべての社員が言葉を失ってしまいました。

社員たちも最初の頃は、グズル人もいましたが、次第に海外旅行にハマり出し、多少嫌なことがあっても、間もなく海外旅行だから我慢しようみたいになっていきました。社員の海外旅行をある期間続けてみて感じたことは、**絶対的な価値基準が少しずつグラついてきたということ**でしょうか。今までは正面から見ることだけが正しい見方だと思っていたものが、待てよ、後ろから見ても結構いけるナと感じられるようになったということです。

それともう一点、全員の結束力が強くなったかナ、と思いました。

日本とは大きく違うヨーロッパの文化や歴史に接してみると、誰でもそう感じるのではないでしょうか。

正直申し上げて、外国の治安が非常に悪くなったので、呑気に社員の海外旅行なんて話題にもなりませんが、事情が許せば、3年に一度でも5年に一度でもいいと思いますので、選択肢の一つに入れてみると何か新しい発見ができるかもしれません。

第4章

「心」で売る

01

「技で売る」から「心で売る」へのスイッチ

超一流の営業マンといわれた人でも、3年もすればただの人になってしまうケースがあります。その反対に初めのうちは目立たなかった人が、10年経って立派な営業マンとして大活躍しているケースもあります。私もこのような人々を何人か知っています。

10年以上もその業界で頑張り続けている方は、どちらかというとあまり目立ちません。むしろどこにでもいる普通の人といった感じです。

それに引き替え、トップ営業マンと呼ばれる人々は、営業マンとしての才覚を身につけ、人当たりも良く、話も上手だし表情も豊か、どれをとってみても非の打ちどころがありません。しかし長続きしない人たちも結構いらっしゃいます。

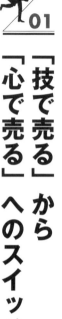

この違いはどこから来ているのでしょうか。

結論的に申し上げれば、「技」で売るか「心」で売るかの違いです。自分はトップ営業マンになろうと決心し、いろいろな研修会などにも出席して営業マンになるための技術を習得しました。そして好業績も残せるようになりました。

しかし**技だけでは長い期間にわたり、好業績を残すことはできません。自分も疲れてしまうし、お客様からも飽きられてしまうからです。**

その大きな原因は、トップ営業マンになるための技術は優れているけれども、あなたの人間性で売るという心の修行がまだ出来上がっていないからなんです。

1年、2年という短期間の営業活動であるならば、売るための技を磨けばなんとか通用します。しかし長丁場になると技だけではなく、あなたの人間性が問われてきます。そこで合格点を貰えなければ、あなたはビジネスマンとして失格です。

たとえば、約束を守らない、虚言癖がある、時間にルーズなどの実態が見えてくると、クライアントは身を引いてしまいます。彼らの求めているものは、**営業マンとしての卓越した技術と、ビジネスマンとしての優れた人間性の両方**なんです。

技の部分でクライアントとの接触に成功し、心の部分でその良好な関係を維持していけるだけのものをもたないと、長期間にわたりトップ営業マンの椅子を確保することは難しいです。

「心で売る」といってもそんなに難しいものではありません。**誠実味があること、嘘をつかないこと、約束を守ること、オーバーに言わないこと、自分に非があれば素直に認めること、相手の価値観を認めること、**この6点に注意すればいいのです。この辺りでクレームがつけられるようだと、あなたはトップ営業マンにはなれません。

最も難しい点は、技から心へのスイッチ切り替えです。

初めの頃は、「なかなか彼は感じの良い営業マンだな」と思われていたものが、そのうちに「ただ感じが良いだけでなく、彼は誠実味のある人間だし、尊敬できる部分がある」という声が聞こえるようになれば、シメたものです。

長丁場にわたり、トップ営業マンの座を維持することは、このように人間的に信頼されないと不可能です。そしてこのトップ営業マンの呼称は、トップビジネスマンに置き換えても充分に通用するものです。

02 良い顔には強力な説得力がある

今朝テレビを観ていたら、ＩＴビジネスで大成功したという34歳の若い社長さんが出ていました。インタビュアーのテリー伊藤さんがいろいろと質問をしていくのですが、それに答えているその社長の表情がものすごく良いんです。微笑を浮かべながら、優しい目で、多少のゼスチャーを交えながら、落ちついた口調でしゃべっていました。

「ビジネス成功者になるためには」というセミナーを開催しているようでしたが、この調子でしゃべられたら、受講者も大満足だろうなと私自身が感じてしまいました。

別項目で「出会い頭の笑顔が勝負を決める」と書きましたが、このテーマをもう少し拡張すると「顔づくり」ということになります。

考えていることが正しければ、真剣に生きていれば、優しさがあれば、一生懸命働いていれば、黙っていても良い顔をつくれます。

「顔は心の現れ」といいますから、別に意識しなくても良い考えをもっていれば、良い顔がつくれます。そしてこの良い顔がつくれたとき、あなたは立派な営業マンになっています。

そしてこの顔を細分化すると、３つのパーツに分かれます。

一つ目は眼の力です。

優しい眼で人を包みこむような眼をしています。自分と異なった意見でもとりあえず受け入れてみるという感じです。

しかしその眼も優しいだけの眼ではありません。自分の考えをしっかりもっており、必要に応じて述べていきますよ、という姿勢を感じさせる眼です。

自分を主張するだけの人は、相手の意見を聞こうとせず、相手につけ込ませないぞという冷たい拒否的な眼をしています。

二つ目のパーツは笑顔です。

これはもう何回も述べていますのでここでは省略いたします。

三つ目は話し方の問題です。

話し方も声質などは変えようがありませんから諦めるとして、要は**間のとり方と抑揚のつけ方**です。話の上手な人は、間のとり方が実に上手です。呼吸法とも大いに関係すると思いますが、是非ともこの間のとり方は自分なりにマスターしてほしいものです。

自分がしゃべっているとき、何もしゃべっていない空白の時間が非常に怖く感じられます。そのため、間を空けずにすぐ次の言葉を発してしまうのが原因なんですが、言葉の区切りのとき、息を吸い込むようにすると比較的間がとれるようになります。

この練習法としては、実際に音読し、句読点のところで息を吸い込む練習法が効果的です。間のとり方が上手になると、抑揚は自然とできるようになるので心配いりません。

動物を見てください。犬でも猫でもなんでも結構です。性格の穏やかな犬は、優しそうな眼をしています。人間を見てください。意地悪そうな人は、実際に意地悪そうな眼をしています。人間も動物も、その心は眼に現れてしまいます。

優秀な営業マンになるために、自分の良い顔をつくり上げましょう。そのためには良い眼をつくることであり、良い心をつくることを心がけましょう。

03

取引先のことを常時考えている自分がいる

あなたは営業マンですから、自社商品を売るのが仕事です。

しかし、売るべき商品に欠陥などがあった場合、あなたはそれを隠して取引先に売ることができますか?

もちろんベストな方法は、自社でその欠陥を修理し、または良品に交換してから売ることです。しかしその措置を自社が行う場合に若干の費用がかかるとしたら、上司の判断はどのようになるのでしょうか。現実的なケースとして、上司の判断が「この程度なら業務になんら支障ないので、クライアントには何も言わずに売ってきなさい」となるケースがあります。

新商品登場前に旧商品を売り抜けることも、このケースと似ています。極秘情報で6か月後に新商品が発売されることがわかったとき——。

通常このような場合、現行商品は値引き販売するのが通例ですが、この情報は極秘で一部しか知られていないとなると、つい現行価格で販売したいと思うのが、売る側の心理です。

しかしこの措置が、後々大きな問題に発展する可能性があります。

「なぜあのとき、新商品発売のニュースを教えてくれなかったの？　知っていれば買わずに待っていたのに。仕方ないから大幅値引か返品で対応してほしい」

これで済めばいいのですが、その後の取引は中止となってしまいました。


新商品発表などのニュースは、現在では同時発表になりますから、業界ニュースなどをチェックしていれば誰でも知ることができますが、そのニュースチェックを怠った場合に起こり得る問題です。

ただ内部の一部社員しか知らないような極秘情報の場合には、この限りではありません。この手の情報はガセネタが結構あるので要注意です。またこの手のニュースは、公のものではないので問題になりません。


しかしこのような場合、営業社員は本当に悩みますね。会社を立てればクライアントを裏切ることになり、クライアントのことを思えば、会社の方針にタテをつくことになります。まさしく板ばさみです。営業マンとしていかに対処すべきでしょうか。

結論的には、**社内でどのような方針になろうともあなたは自分の考えを表明すべきです。**

営業会議で、この案件は伏せてクライアントには従来どおりで販売していこうと上司が決定した場合でも、もしその決定と異なる考えをあなたがおもちなら、勇気を出してその意見を発表すべきです。

しかし上司があなたの考え方には同意せず、違う方針を打ち出した場合、社員である以上あなたは上司の決定に従わざるを得ません。この決定に対しグズグズ言ってはなりません。会社の方針である以上、それには従って行動する潔さが求められます。


本ケースのような場合、どちらが正しいのかは結果を見ないとわかりません。吉と出るか、凶と出るか、神のみぞ知る世界です。**ただ大切なことは、自分の考えをおもちであるならば、とりあえず発表していく勇気を持ち合わせるべきです。**

しかしまた、その自分の考えにあまりにもこだわりすぎ、周囲との妥協も受け入れないような頑固さはいけません。たとえ自分の考えとは異なろうとも、上司や会社の決定には従順に従うようにしましょう。クライアントを大切にし、会社を愛する社員の大いなる悩みの一つです。

04

もし取引先で問題が発生したら……

もし取引先で問題が発生したら、あなたはどう対処しますか。見て見ぬふりをしますか、それともできる限りの協力をしていきますか？

もちろんこの問題点が、あなたに全く関係のないものであれば知らぬふりをして通り抜けることも可能ですが、若干の関係があり、しかもあなたにはその解決に必要なスキルもあるという場合の話です。

営業マンの中には、わかっちゃいるけど自分には販売ノルマがあるので、そのような問題にかまっていられない、とおっしゃる方もいらっしゃるでしょう。

また中には、「あの会社は私の大切なお客様だ、忙しいけれどもその問題の解決に協力してあげよう」と考える方もいらっしゃいます。

これは、どちらが良いどちらが悪いということではありません。営業マンが販売という行為をどのように受け止めているかということです。

販売行為を、品質・価格・性能などの比較のみで行う場合と、それら商品のコンサルテーションも含めて行う場合との違いです。

前者は、販売行為を機能面中心に行うものであり、同業他社が当社より好条件を出してくれば取引は難しくなります。

後者は販売行為を総合販売と考えており、商品供給、ビフォアサービス、アフターサービス、経営助言なども含めてアドバイスしていきます。

この場合は、クライアントの要求と当社の能力が一致しないと、なかなかうまくいきません。こちらがいかに総合販売を勧めても、相手方がそれを不要と思えば成り立ちませんし、その反対もあります。

販売行為は、最終的には信頼関係の強弱にたどり着きます。強い信頼関係が確立していれば、微調整をするだけでさまざまな困難を乗り切ることができます。

この場合でも、問題点がないというわけではありません。いかに強い信頼関係があっても、商取引をしている以上、常時なんらかの問題は発生します。ただ強い信頼関係が確立していると、充分に話し合うこともできますし、妥協することもできますので、問題の解決に向けて前進することが可能です。

商取引を長く続けるためには、なんといっても売る側と買う側の信頼関係の構築が至上命題となります。

このように考えた場合、冒頭のクライアントに問題が発生した場合の対処法は、すぐ解答が出せますね。そうです、**できる範囲内で全面協力してあげるべきです。**自分の販売ノルマがあり、忙しいのは充分承知していますが、それらをこなしながら**休日や時間外を利用してそのクライアントの問題解決に協力してあげてください。**

いつの日か、そのクライアントがあなたに感謝する日が必ずきます。そしてその行為が、あなたとクライアントとの信頼関係強化につながっていきます。

一つの善行は、10年間好影響を与えるといわれています。そのためにさまざまな行為を行うわけではありませんが、**相手の喜びが自分の喜びと感じられるようになったとき、あなたはいっぱしの立派な営業マンです。**

相手の喜びが、自分の喜び……なかなかの名言です。

05 あなたの人柄が商品です

2人の営業マンがいます。2人とも優秀です。甲社のA君と、乙社のB君です。取扱商品も、取引条件も両社ともほぼ同じです。年齢も2人とも三十代後半で、社内でも上位クラスにランクされています。

ところがクライアントからの評価によると、A君の方が少し勝っています。そして2人のうちから1人だけ取引先を選ぶとすれば、あなたはA君にしますか、それともB君にしますかと聞いたところ、圧倒的にA君に軍配が上がりました。

その理由を聞いてみると、最も多かったのが、**「A君はこちらの意見をよく聞いてくれるから」**というものでした。B君は聞かないわけではないが、「最終的には自分の考えを押しつけてくる傾向がある」という声が多かったようです。

営業マンですから、売ってナンボの世界です。いくら偉そうなことを言っても、売上実績が悪ければ誰も相手にしてくれません。ですから、時と場合によっては、ある程度強引に売り込みます。これが営業の世界の常識です。

ところがA君は、多くの営業マンに比べ若干違った部分がありました。

大きくうなずきながら、こちらの言い分をよく聞いてくれるそうです。最後には自分の考えを述べてきますが、それも一方的でないので「不快な感じは全くありません」という言葉が多かったです。

さらにA君は、B君に比べて明るい感じだそうです。顔の表情もいつも穏やかで動作もキビキビしていて一緒にいて実に楽しいといいます。

ですから、もし販売条件に大きな差がなければ、多少の販売技術の差があったとしても、A君のほうを選ぶというクライアントが多かったです。

このように営業という仕事を眺めてみると、売っているのは商品や情報であっても、買い手はそれらの商品以外に、営業マンの人柄を買ってくれているという現実に気づかされます。

ですから**営業に携わる人たちは、販売テクニックの向上を図るだけでなく、自らの人格を磨き上げる努力を継続しなければなりません。**

多くの人と会い、友と語らい、スポーツを楽しみ、さまざまな勉強をして、自分の価値を高めましょう。

そして商品などとともに、あなたという人間性を買っていただきます。

長い期間営業の第一線で活躍されている人たちは、例外なく自分という質の高い商品を持ち合わせており、これらも同時にお客様に買っていただいています。

営業という職種は、商品などを売るのが商売です。しかしこの売るという気持ちが強ければ強いほど、商品は売れなくなります。強すぎる「売り気」をお客様が感じてしまい、腰を引いてしまうからです。強引に「売る努力をする」のではなく、「売れる仕組み作りに努力する」というのが正解です。

「君の会社の商品や価格は並だけれども、それを売っている君は超優秀だね」と言わせたいものです。**あなたの人柄は、立派な商品です。**

06 謙虚さを忘れた人間は伸びられない

さまざまな業界のトップ営業マンの方によくお会いしますが、彼らに共通していることは、傲慢でないということです。どなたも立派な成績を収めている方たちですが、その実績に似合わず、非常に謙虚です。出会い頭から、話すときの態度や言葉遣い、どこをとっても非の打ちどころがありません。

そこで私は、あるとき次のような質問をしてみました。

「皆さんは業界のトップ営業マンなので、もう少し態度が大きいと思っていましたが、全然そのようなことはないんですね」

そうしましたら、一人の方が次のように返答してくれました。

「私たちは所詮営業マンにすぎません。もし傲慢な態度を見せようものなら、クライアントからすぐ干されてしまいます」

さりげないその一言に、厳しい営業の世界を見せつけられた気がしました。

以前、スポーツ界のベテラン選手にその世界の実態を聞いたことがあります。

「伸び盛りの連中で世の中の状況をあまり知らない選手は、少し良い成績が出ると、鬼の首でも取ったように大はしゃぎしますが、レベルの高い選手はそれほど大騒ぎしません」

こんな答えが返ってきました。自分の出した結果を冷静に受けとめ、改善すべき点はどこなのかを真剣に探すそうです。

その話を聞いて私は心の中で「なるほど、そうか」と思いました。

これはビジネスの世界でも同じです。立派な成績を残した人が、偉そうにしゃべったのでは色気も何もありません。立派な成績を自慢せず、これは運が良かったからとか、〇〇さんの協力のお陰ですとか話していると、人気は急上昇していきます。


人間、謙虚さを忘れてはいけません。立派な仕事をしたときこそ、この精神が大切です。

傲慢タイプの人間は、たとえ素晴らしい仕事をしても、周囲から大きな拍手は貰えません。

それどころか、気がついたときには周囲からはじかれていることも多々あります。

それに引き替え謙虚さを身につけた人は、本人は希望していないのに周囲から推されて、高い椅子に座ることがあります。

営業畑で好業績を残すためには、上昇志向を片時も忘れてはいけません。この上昇志向と謙虚さは、一見矛盾するように思われがちですが、決して矛盾するものではありません。上昇志向は自分の心の中の問題です。自分自身がそうなりたいと願う気持ちです。この気持ちが強くないと、この厳しい環境の中で伸びていくことはできません。

自分の心の中ではこの上昇志向の精神を醸成しつつも、外部にその雰囲気を出すことは極力控えたいものです。

口には出さないけれども、心の中は燃えている……こんな状態です。

「高い志をもち、一生懸命努力する」

これは傍から見ても美しいものです。しかしそのようなことは、一切口にしない。さらに謙虚な姿勢は決して崩さない。このような生き方をしたいものです。

07 営業の仕事に終着駅はない、だから楽しい

営業が大の苦手な社長に、営業に強くなりなさいなんて要求がもともとキツイんです。

それは百も承知の上です。営業に強いか弱いかということはあまり重要ではなく、自分の会社を伸ばしたいか、伸びなくてもいいのかという選択の問題なんです。

自分より優れた営業マンはいなくて、もし自分が売上を上げなかったら、この会社は倒産してしまうという状況に追いこまれた社長が、どう対処するかという問題です。

もし会社を潰したくなかったら、社長自身がトップ営業マンとなり、売上を向上させなければいけません。

人間が潜在的にもって生まれた能力は、その大半が使われないまま終わってしまいます。天才学者といわれる人たちでさえ、その93%は使われずに終わってしまうそうです。

ですから、なるべく多く使ったほうが勝ちです。

巷間よく、私にはそのような能力がないからといって、難問を避けて通る人たちがいますが、彼らは間違っています。能力がないと勝手に思い込んでいるにすぎません。本当はすべての人々が、素晴らしい能力を具備しているのです。ただ自分が卓越した潜在能力をもっていることに、気づいていないだけなんです。

ある平凡なサラリーマンがいました。彼は父親から、いつも次のように言われて育ったそうです。

「現在の実力の120%以上の目標にいつも挑戦しなさい」と。

父の存命中はその言葉を全く気にしていませんでしたが、いざ父が亡くなってみるとその言葉が遺言のように重くのしかかってきたそうです。

そして彼はいつの間にか、父親の言葉どおりに挑み続けたそうです。そして気がついたときには、同期のメンバーを大きく引き離していました。

自分は能力のない人間だと思っていたけれども、最近では、「もしかしたら自分は能力があるのでは……」と思えるようになったそうです。

ビジネスでは、商品や情報を買っていただきます。しかし実際に私たちが売るものは、それらの具体的商品だけでなく、挑戦している自分自身でもあり、それを買っていただくのが本道だと思います。商品などは一時的には優劣がありますが、一定期間で眺めればすぐ追いつかれます。しかし人間性というのはそう簡単に差が縮まりません。

ですから本当に営業に強くなりたいのであれば、差の縮まり難い人間性を鋭く磨き上げるという地道な努力が重要になってきます。

技で売る段階から、心で売る段階へのスイッチ切り替えがスムーズにできたとき、あなたの営業力は本物になります。

世の中にはさまざまな職種があります。

私は職業会計人として長い期間育ってきましたが、経営コンサルタントとして活動を始めてから、営業の仕事が大好きになりました。そのおもな理由は、この道は奥が深く終着駅がないからです。どこまで行ってもまだ修業中です。

さらにもう一点惹かれたことは、**勝敗のポイントが「技」ではなく、人間性という「心」の部分に大きく依存している**現実が非常に好きだということです。

第5章

いかにして信頼関係を構築するか

01

「時間を守る」と信頼は追いかけてくる

営業であれ、技術・経理であれ、仕事を順調に進める基本は、相手との信頼関係の構築です。この信頼関係を築き上げるという作業は非常に難物で、構築するには長い年月がかかりますが、壊すのはいとも簡単、ホンの一瞬で終わります。クライアントとの重要な約束ごとを忘れてしまえば、一瞬のウチにあなたへの信頼は崩れ落ちます。重要な会合で、時間に遅れて行けば、いかなる理由があろうともあなたの信用はガタ落ちです。

不動産関係の仕事をしている人で、私が信用しているある人物がいます。大手不動産会社の臨時社員で、10年ほど前に知り合ったAさんです。Aさんは非常に人当たりが良く、経験も豊富で、会った瞬間から好感のもてるタイプの人でした。有名な避暑地の別荘地の販売を担当していました。

その後も何回かお会いしていますが、もう退職していないだろうなと思って訪ねてみると、まだいるんです。失礼とは思いますが、こちらも気軽に「Aさんまだいたんですか」などと軽口をたたいて喜び合っています。不動産物件の販売では、経験豊富で優秀な営業マンを臨時に採用し、その物件の販売を処理していくんだ、と以前聞いたことがありました。

Aさんもそのための一人だと私なりに心得ていましたが、物件の販売が終わって10年経過してもまだ社員でいるということは、彼の仕事ぶりが評価され正社員に採用されたのかもしれません。Aさんは小柄ですが、フットワークも良く、なんといっても話をする際の笑顔がたまりません。そして派手なところはなく、小さな仕事でも嫌な顔をすることもなくコツコツ処理していきます。誠実味溢れる人柄は誰からも愛されるもので、拝見したところ多数のお客さんを抱えているようでした。

信頼を築き上げる方法は数多くありますが、是非一つ私に提案させてください。時間はかかりますが、コストもかからない非常に簡単な方法です。

その方法とは、**「時間を守る」**ことです。

約束した時間を厳守するというものです。このテーマは一見簡単そうに見えますが、実は非常に奥の深いものがあります。

約束した時間の5分前にいつも入ります。例外はありません。10時約束なら、9時55分にチャイムを鳴らします。これを毎回続けるのです。実際にやってみるとわかりますが、これって結構大変です。なぜなら言い訳が通用しないからです。「電車が遅延したので約束のお時間に遅れてしまいました。申し訳ありません」が通用しないんです。**時間を守るということは、ある程度のリスクは吸収してしまうほどの余裕をもたないとできません。**

「時間を守る」というテーマは、一見簡単そうに思えますが、実は本当に重いテーマです。どんなに通い慣れた場所であっても、15分くらい前にはその近辺にいます。慣れない場所であればもっと早く着いて、近辺ブラブラとかお茶でも飲んで時間をつぶします。それくらいやらないと、「言い訳なしの時間厳守」というテーマは実行できません。実行にも難しいものがありますが、その成果にも目を見張るものがあります。

ある企業と10年間仕事をさせていただきました。月に3~4回ほどその会社を訪問していましたが、10年目のある朝、大雪のため10分間遅刻してしまいました。先方は快く理解してくれましたが、私の心は晴れません。大雪なのはわかっていたのだから、あと30分早く家を出ていれば……。

02 たとえ死んでも約束は守る

まことにお恥ずかしい話ですが、記してみます。

私は山梨県の田舎町で生まれ、高校卒業まではそこで育ちました。恒例のように中学3年生になると、3泊4日程度の修学旅行があります。私たちのときは、3泊か4泊か忘れましたが、行き先は京都・奈良の古都巡りです。まだ行ったことがありませんので、事前から興奮していました。そして初めて京都・奈良を見たとき、今までと違った人々の様子や文化に驚かされました。

修学旅行は非常に楽しく有意義であったんですが、実は出かける前に一悶着《ひともんちゃく》あったのです。

というのは、旅行に出発する3日ほど前に、母親から旅行用小遣いをもらっていたのですが、それを見ていた私の兄が、「旅行に間に合うように返すからそのお小遣いをちょっとだけ貸してくれないか」ともちかけてきたのです。私はなんの不審感も抱かず、当然旅行前には返してくれるものと確信し、貸してしまいました。

ところがこの兄がワルだったんです。出かける前日になっても家に帰ってきません。私も呑気坊主でしたので、明朝出かける前には全額返してくれるだろうと信じ込み、何の不安も感じませんでした。

しかし当日の朝になっても帰ってきません。

とうとう私はお小遣いを持たずに、修学旅行に出発してしまいました。


兄から「この件は誰にも話すなよ」と口止めされていたので、母親にも話しませんでした。後に兄から聞いた話ですが、一応口止めはしておいたけれども、直前に母親に話し、お小遣いを再度もらって出かけるだろうと踏んでいたんだそうです。

ところが兄は、私が家を出た後に帰ってきて、母親に事情を話したところ、そのような話は聞いていないよ、という返事を母からもらったそうです。そこで兄は大慌てです。自転車ですぐ私の後を追いかけてきて、謝りながら私にお小遣いを返してくれました。


さ〜て、私が修学旅行から帰ってから、家の中はひと騒動です。兄は家族全員から猛烈に責められました。私は、「万一お小遣いが戻らなかったら、旅行中どう過ごすつもりだったの？」と家族全員から聞かれました。その当時の私の意識は、「男なら自分がした約束は、たとえ死んでも守らなければいけない」ということだけでした。母親から貰った小遣い以外に自分のへソクリはなかったし、お金を使わないでおこうという以外、これといった奇策はありませんでした。

これを機に、私は約束を守る男だということが家族の中では定着したようでした。

強い信頼関係を構築するには、「時間を守る」ことが有効である、と前項で述べましたが、この「約束を守る」ということも、負けず劣らず重要な項目です。

この「約束を守る」を座右の銘にしている人は、約束を破ることを人間の恥と考えていますから、安易な約束は決してしません。安易な約束をしてそれを守れないことが、自分の人間性を否定されるような屈辱に耐えられないのです。

自分のした約束は必ず実行する。できないことは約束しない！

時間と約束の２項目の後を、信用という天使が追いかけてきます。

03

グチは言わない

実際に仕事をしていると、頭にくるようなことがたくさんあります。クライアントの常識では考えられないような無茶な注文や言いがかり、社員たちの身勝手な不満など数え上げたらキリがありません。

このようなことは、日常茶飯事だろうと思います。私たちはこのような環境下で仕事をしているわけですから、相手構わずつい「グチ」をこぼしてしまうことがあります。ところがこのグチという難物は、一度口から出てしまうと止まらなくなり、会う人誰にでも言ってしまうという悪癖をもっています。

どこの会社にも、グチる人は必ずいます。

話してもどうにもならないことを、得意気に吹聴し周囲の共感を得ようとします。そしてグチの過ぎる人は、共感を得るどころか失笑を買ってしまうのが関の山です。ただ中には、大きな矛盾を指摘し、改革を進めていくような立派なケースもありますが、このような事例は数えるほどしかありません。

私は「グチをやめなさい」と言ってるわけではありません。いつもグズグズとグチっている習慣があるならば、それはおやめなさいと申しているのです。

グチらしきことを言うのは1回だけです。それ以上言うとあなたはグチ人間になってしまいます。

なぜグチ人間になるのかというと、一つには価値観の相違があります。

あなたはA案が良いと思うのに上司はB案で決めてしまった。あんなに物分かりの悪い上司はいないということになります。価値基準は、環境・生い立ち・友人知人・経験などにより著しく変化しますが、自分の考えは絶対に正しいんだと思い込んでいる人は、自分と異なる見解が表れたとき即座に拒否反応が出ます。相手の言う意見に、謙虚に耳を傾けようとしません。

これを見ていた別の先輩が、「うん、あの件は、上司の言う案の方が正しいだろうな！」と言っているかもしれません。

グチ人間にならないために、簡単にできるアドバイスがあるのでご紹介しましょう。

それは相手の意見を聞き、自分の考えと異なるとき、即座に相手の意見を否定するのではなく、なぜそのような考えになるのかとか、また深い所ではどのような意味があるのだろうかと考えてみることです。

即座に否定するのではなく、一応その意見に敬意を払い、どのようにしてこの考え方が生まれてきたのかを知ろうとする努力が大切です。

双方の意見に隔たりがあっても、相手の考え方を理解しようとするこちらの心を読み取ってもらえれば、交渉事は比較的スムーズに進みます。

これによりグチ人間は返上できます。

グチ人間のいちばんの弊害は何でしょうか。

周囲に与える影響は別として、本人の身体から物事を成就するためのエネルギーが放出されてしまうことです。グチは口でしゃべります。その都度大量のエネルギーが放出されます。そのため仕事を成し遂げるエネルギーがグチで使われてしまい、ロクな仕事ができなくなるというわけです。

この放出エネルギーを身体の中に温存し、その力を仕事に向ければ立派な仕事ができるようになります。ちなみに皆さんの周囲にグチ人間がいたら、注視してみてください。たいした仕事はしていません。

04 自分の努力は言わない、サラリと知ってもらえればベスト

「自分は努力しています」を、これ見よがしに発信している人ってなんとなく好きになれませんね。

その反対に、そんな素振りはどこにも見せない、むしろ自分の努力を隠すようにしている人、しかし実際は人知れず頑張っている人々に私たちは心から拍手を送っています。

今まで、「アイツはたいしたことないよ、普通の人間さ」と思っていた人物が、その実態を知るごとに、「うん待てよ、もしかしたらアイツはスゴイヤツかも知れないぞ」と思えるようになったとき、その人物に対する評価は一変します。

「自分は努力家です」を人様に吹聴《ふいちょう》しているような人物に本当の努力家はいません。自分の努力がたいしたものでないことが充分わかっているから、逆に周囲の人々には自分の努力を認めさせようとしているだけです。こんな連中には、適当に話を合わせておけばそれで充分です。

しかしその反対のタイプの人間にはよく注意する必要があります。これは警戒するという意味ではありませんから間違わないでください。

その人の本当の価値を見抜き、尊敬すべきは尊敬し、見習うべきは見習いながら、その人物に少しでも近づけるように自分の士気を鼓舞する材料として使わせていただきます。

人生上には上がいるものです。自分自身も一応の努力家だと思っている、しかし想像を絶するような本当の努力家を知ったとき、足が震えます。

先日、あるテレビドラマを観て感動してしまいました。途中から観たのでタイトルは覚えていませんが、今どきには珍しい人情もののドラマです。東山紀之さんと松たか子さんが夫婦役で出演していました。時代背景も古くストーリーも単調なのに、どうしてかわかりませんがグイグイ引き込まれていきます。1時間だろうなと思っていたら、なんと2時間ドラマ、笑いあり涙ありの感動ドラマでしたが、終了間際にそのドラマは、作家の藤沢周平さんが直木賞をとる前後の物語であることがわかりました。

小さな業界紙の出版社に勤め、編集長の仕事をしています。給料は安く、女の児が一人、奥さんは女児出産後すぐお亡くなりになりヤモメ暮らし。

そこに再婚相手として松たか子さんが嫁いできて、夫婦協力して直木賞をとるというストーリーですが、いやいや感動させてもらいました。特に小さい出版社に勤め、寝る間を惜しんで執筆を続ける東山演じる藤沢周平さんの努力は相当なものでした。

それを周囲の人々に、なるべく悟られまいとする藤沢さんの細やかな配慮、感服ものです。

自分の努力は極力隠す。それでも何かの折に、少しずつわかってしまうものです。

この知らず知らずにわかってしまう部分が、あなたの価値を大きく引き上げてくれます。

自分の努力を他人に知られないようにしましょう。

しかし全力を出して、何かに挑みましょう。なんでも結構です。スポーツよし、美術よし、もちろん資格試験オーケー、音楽よし、すべての勉強、そのほかなんでもOKです。自分なりの目標を設定し、死にもの狂いで挑戦しましょう。

その心意気が、無意識のうちにあなたの顔に出ます。身体に出ます。自分では言わないけれ

ども、あなたの顔や身体から出るエネルギーが、相手のあなたへの信頼感を醸成してくれます。

そしてこの信頼感は、増幅はしてもそう簡単には崩れません。

05

「素直に謝ることができる」……これは立派な才能です

「素直に謝ることができる」……これは立派な才能ですね。人間長く生きていると、どこかで必ず失敗をします。この失敗を素直に認め、自己反省の材料とし、ご迷惑をおかけした人に謙虚に謝ることができる人は、誰からも好かれます。人間関係もより良きものが築けること間違いありません。

辞任した前東京都知事は、政治資金を使って家族の個人的な品物や、ご自分の趣味である美術品を購入していても、一度も謝ることはしませんでした。

「第三者の弁護士に依頼して厳正な調査をしてもらう」の一点張りでした。これでは１３００万人の東京都民は納得しません。もし彼が謙虚に自分の非を認め、素直に謝罪したならば、辞職を求める声が70％を超えることはなかったと思います。

彼の持ち合わせている、言い訳ばかりしている性格が支持率を大きく下げたことは明白です。

人間は、知人や周囲の人々が仮に失敗しても、その行為を率直に認め謝罪するのであれば、それほど相手を責めることはしません。いちばん嫌われるのは、自分の責任であるにもかかわらず、それを他人のせいにする根性です。これは嫌われます。そしてすぐ見抜かれます。営業関係業務であれば、シェアダウンは避けられません。

ですから営業に携る仕事でなくとも、人間関係を良く保つためには、自分の失敗は失敗と認め、許しを頂いてから再度信用を構築する覚悟が必要です。

冒頭にも書きましたが、確かに謝ることは才能の一つです。グチグチ言うことなく、自らの非を謙虚に認め、心から謝ることです。

これは営業関係の仕事に携る人々にとっても、欠かすことのできない具備能力の一つです。

前にも少し書きましたが、私の知人に、マンションの販売会社に勤める営業マンがいます。

彼は会社の中でも常時トップクラスの営業マンです。その彼が以前私に聞かせてくれたことがありました。顧客からの信用を得るために、ワザと小さな失敗をするそうなんです。そしてその失敗を報告するために、夜遅い時間に先方の家を訪ね、失敗の報告をするそうなんです。小さなミスなのに、ワザワザ夜間家を訪ねてきて話してくれるその誠意に、お客さんは感激してくれるそうです。そのやり方が良い悪いは別として、彼は意識的にそのようなことをする場合もある、と話してくれました。

失敗を素直に認め謝罪するという行為は、信用失墜どころか好感度アップに役立つものです。

営業マンとして大成するためには、取引条件・本人の外見・人間性・知性・品性などクリアすべき項目はたくさんありますが、中でも人間性はトップクラスです。彼はトークは上手だけれども、「誠実さ」という点に若干の問題がある、などと思われたら万事休すです。

その反対に営業マンとして才能あるようには思えないが、彼の「誠実さ」には惹かれるものがあると言わせたいものです。そのためには、**約束の時間と内容は厳守すること。失敗したらその非を認め心から謝罪すること。**この2点を長期間実行できたら、あなたはきっと素晴らしい営業マンになれます。

06 嘘つきは営業マン失格！

「嘘も方便」という言葉がありますが、ビジネス上で嘘をつくことは厳禁です。これは職種の枠を超えていえます。この程度のことは許されるだろうと思って言った嘘のために、さらに大きな嘘を言わざるを得なくなり、最終的にはあなたの人間性を疑われることになります。こうなれば信用ガタ落ちですから、その後どんなに本当のことを言っても「アイツは嘘を言うから気をつけろよ」のレッテルを貼られてしまいます。

一度レッテルを貼られると、これがなかなか剥がれませんからよく注意する必要があります。よく観察してみると、人間は嘘をつくタイプとそうでないタイプに分かれるようです。嘘をつかないタイプの人は、自分や周囲がどんなに不利になろうとも本当のことを言ってしまいます。しかしこのタイプの人々は、その不利な状況をバネに踏ん張りますから、次第に失った信用を取り戻していきます。その反対の嘘をつくタイプの人は、自分の非を認めようとしないものですから、嘘が次から次へと噴出し、最後には取り返しのつかないことになります。このような人は絶対に営業には向きません。社員失格です。

嘘つきというには少々かわいそうで、物事を何でもオーバーに表現する人がいます。それほど悪気はないのですが、実際は彼の表現よりズーッと控え目だった場合も、信用を落としますので要注意です。嘘をつくという行為は、自分の意識とは無関係な場合が多いです。そのつもりはないのに、ついポロッと出てしまう。言ってしまってからハッと気づきます。人間のもつ一つの悪いクセでしょう。

このクセというか習慣のようなものは、本当のこと以外は言わないように注意しないとなかなか直りません。

このクセは直すのに大変ですが、できないことではありません。別の項目でも書いていますが、まず自分を小さく見せるように意識してください。良く見せようと思う気持ちを捨てることです。それでも本当に凄い人は、いくら隠しても本性がチラリチラリと滲み出てきます。この効果はまた測り知れないものがありますが、**とにかく自分を良く見せようとか、大きく見せ**

ようと思わないでください。なるべく小さく見せる意識をもつことが大切です。

さらに注意すべき点は、「あっ、嘘を言っちゃった」と気づいたときには、その場で訂正してください。少し恥ずかしい気がしますが、勇気を出して訂正してください。この行為があなたの好感度をアップしてくれます。

「こんな恥ずかしいこと言いたくないな、知られたくないな」と思ったときが要注意です。虚言癖のある人は、家庭の中でも知人同士でも平気で嘘をつきますので、まずその辺から直しましょう。

奥さんに言っておくんです。「もし俺が嘘をついたりオーバーに言ったら、その場で注意してくれないか」と頼みこんでおきます。奥さんから指摘される回数があまりにも多いのでビックリされるかもしれません。実は私も妻に頼んでいることが一つだけあります。あまりにも恥ずかしくてその内容は申し上げられませんが、指摘される回数の多さに驚いています。しかしその回数も少しずつ減ってきています。

取引先から「あの人の言葉には、ちょっと信じられないものがある」と思われたら、とても信頼関係は構築できません。

07

有益情報の提供は、強い信頼関係を築いてくれる

クライアントに対し、絶えず情報を提供している人の信頼度は、していない人に比べ2倍から3倍違うといわれています。

ただしここでいう情報とは、有益情報といわれるもので、くだらないどこにでもある情報とは若干異なります。「彼は営業マンとしては少々物足りないが、彼が時々くれる情報には見るべきものがある。彼も相当勉強しているんだなァ」と思われるようになればシメたものです。

一口に情報といっても、それは有益情報に限られます。何が有益情報かは、業種・業態によって異なりますから、一概には言えませんが、これは社内であるいは個人でジックリ研究する必要があります。

どこにでもあるようなつまらない情報では、喜ばれるどころか屑カゴ直行で、営業マンとしてのあなたへの信頼が低下してしまいます。

それでは、有益情報提供にはどのようなメリットがあるのか、考えてみましょう。

まず相手先の担当者がその情報を貰って喜んでくれます。喜んでくれないような情報を提供してもなんの意味もありません。ですから、**その情報の精度は高いものでなければいけません。**このような行為を長い期間続けていると、逆に相手先の担当者から質問を受けるようになります。ここまで行きたいですネ。

次に担当者は、あなたの努力を評価してくれます。情報提供をあまりしない営業マンが多い中で、あなたはしっかり有益情報を提供しているので、仕事に対するあなたの姿勢は必ず評価されます。この評価があなたのビジネスを大きくサポートしてくれることは間違いありません。

さらにもう一点、あなたの会社の評価が高くなります。あの会社の営業マンは、優秀だという感じです。


それではいかにしてこれらの情報を入手するかということになりますが、これはそれほど難しくありません。まず基本は新聞の精読です。新聞にもいろいろありますが、しっかりした朝刊紙です。情報として使えそうなものがあれば、スクラップすることをお勧めします。情報は口頭で伝えるだけではダメで、必ず何らかの資料を添付してください。

次に業界紙です。週刊誌の中には、事実と違う報道も時々あるので、全面的に信用することは危険です。業界のセミナーなどに参加し、そこでの情報入手も効果的です。

別項でも述べましたが、優秀な営業マンになるためには、毎朝30分の勉強が必要です。もちろん1時間でも構いませんが、最低30分は必要で、今までに得た情報などを整理分析したり、資料を作成するために使います。

朝でなくても、一日のうちのどこかで30分やればいいじゃないかとお考えでしょうが、実際やってみるとよくわかります。朝以外の場合、途中で挫折するケースが多いです。出勤前の30分は非常に貴重な時間ですが、睡眠時間を短縮すればできます。

それともう一つのメリットは、朝からいきなり仕事モードに入れるということです。これは大きいです。会社に着いて、一休みしてから仕事ではありません。始業前から仕事モードになっていますから、この差は非常に大きいです。

私たちの仕事は、自分の家族を支えています。そのためには難しいことにも敢然と挑み、昨日より今日、今日より明日と、日進月歩を繰り返さなければなりません。

有益情報の提供を、あなたの武器にしましょう。

08 ミス対応は信頼回復の大チャンス！

「ミスはチャンス」なんて言うと、怒られるでしょうね。

そうなんですよ、ミスはいけません。決してミスしてはいけません。

しかし人間のやることには、程度の差こそあれミスはつきものです。誰でも、絶対にミスはしないぞと思い込んで仕事をしているわけですが、つい何かの拍子にミスが起きてしまいます。

大きなミスは、たった1回だけで致命的なダメージを受けますから、決してやってはいけません。

「ウチの営業担当者を変更してください」ならまだ良い方で、最悪では取引中止になります。

小さなミスでも繰り返していると、「彼は注意力が足りないなァ」であなたの信用はガタ落ちします。この場合でも、担当者変更を求められることがあります。

それでは許されるミスはどのようなものかというと、ホンのたまに起こす小さなミスです。

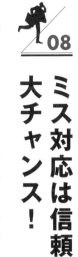

もし許されるミスがあるとすれば、これ以外にはありません。ホンのたまにある小さなミスでは、クライアントもあまりカリカリしません。ところがダメ営業マンは、先方があまり怒らないことに気を良くし、また同じようなミスを連発して、次第に信用・信頼を失っていきます。

しかし小さなミスを材料にして、自分の評価を高めていくという方法もありますので、注目してください。

もし自分がミスしたことに気づいたら、相手方が気づかなくても、自分からその旨報告することです。相手方が気づくまで、自分から告白するのはやめておこうなどと考えてはいけません。このようなズルイ考えがあると、あなたは大きく伸びることができません。

相手方は、あなたのミスがわかっていても、あなたを試す意味で黙っている場合があります。ビジネスで嘘をつくのは厳禁です。

自分のミスを自ら報告し、まず謝罪することが先決です。営業系の社員は、全体的には謝罪することが上手ですが、それでも謝罪の下手な社員も結構います。

さらに大事なことは、そのミスに対し自己弁護的な言い訳をしないことです。潔くミスを認め、許しを請うスタンスがあなたの印象を良くしてくれます。

その後は、あなたはミス処理や対策のため誠心誠意真心をこめて事後処理を行います。冒頭で「ミスはチャンス」などと申し上げましたが、あなたの誠意ある態度があなたの評価を高めてくれますよ、という意味です。

ある営業社員研修会で、参加者が一人ひとり起立して、自分の成功事例を発表する機会がありました。その席上ある参加者が、次のような体験発表をしていました。

成約寸前までいきながら、なんとしても落ちない事例があったそうです。そこで彼はその局面をなんとか突破しようと考え、ワザと小さなミスを引き起こし、その対策に誠心誠意取り組んだそうです。それこそ夜討ち朝駆けの感じだったそうです。

ミスも小さかったんでしょうが、彼のまじめさが認められて成約に至ったそうです。

このようなセコイ話は決してお勧めできませんが、人間が相手の何によって動くのか、ということを知るうえでは参考になると思います。

誠意ある態度と行動が高い評価をもたらしてくれます。

小さなミス、軽く見てはいけません、真心をこめてその事後処理に全力を尽くしましょう。

09

軸がブレていると信頼されにくい

軸のブレている人は、信頼関係を構築しにくい傾向があります。スポーツにたとえれば身体の軸がフラついているということになりますが、ビジネス上での軸のブレとは、思考パターンや行動パターンが意味もなくさまざまに変化し、その予測が難しくなることを意味します。要するに、一貫性に欠ける状態ということです。

このようなタイプの人は、クライアントに言わせると思いつき発言や行動が多く、心から信頼しにくい部分があるということです。

長くお付き合いする場合には、よく注意しないといけません。

なぜ軸のブレる状態に陥るかというと、まだ自分の考えに完全同意できていないからなんです。自分の確たる思考が、確立されていないのです。そしてその原因の多くは、スポーツにたとえるならば練習不足、ビジネスであれば思考不足ということになります。

「どうして自分の売上実績は、ほかの社員に比べて悪いのだろうか」というテーマを、トコトン考え続けます。苦労の末辿りついた結論は、やっぱりクライアントとの接触頻度が低いということでした。自分なりの結論を得た彼は、周囲の人がなんと言おうと得意先とお会いすることを最優先課題とし、励みました。気づいたときには、社内のトップ営業マンに大変身していた、という事例もあります。

テレビで、ハンマー投げ金メダリストの室伏広治さんの筋トレ番組を観ていました。私もスポーツ大好き人間ですから、さまざまな人々の筋トレ法は一通り知っているつもりでいました。しかし室伏さんの筋トレ方法を教えてもらい、「目からウロコ」の感じでした。

その方法は、マニュアル本にあるような既成のものではなく、独自性の強い彼自身の体験と研讃の結果編み出されたものです。

彼の種目が「ハンマー投げ」という特殊なせいもあったでしょうが、数多くのトレーニング方法を自ら編み出すに至った彼の現役時代の練習ぶりが想像できます。完全に脱帽でした。

一つの目標を決めます。それに向かい一生懸命頑張ります。いくら一生懸命やっても成果が出ませんので、さらに試行錯誤を繰り返し、ついに目標への登頂ルートを探し当てました。さあ後は誰がなんと言おうと、自分の努力で頂上に辿りつくまで頑張ります。

迷わず一目散に目標を追い続けるその姿に、人々は引きつけられます。

もう迷いません。次の挫折があるまでは、脇目もふらずに頑張ります。このような姿は、職種を超え人種性別を超え、誠に美しいものです。

あなたがもし、自分は一本筋が通っていないとか、いつも思考や行動に一貫性がないかもと感じたら、即改めましょう。まず考えることです。自分の仕事とは何なんだろう、この仕事にはどんな意味があるのか。そして家族とはいかなる存在なんだろう?

なんでも結構ですから、いろいろと考えてみてください。

そして**あなたなりの結論に達したならば、その形を守り抜いてみてください。**場合によっては「頑固者」という評価を頂戴するかもしれませんが、それでも構いません。そして自分の思考に懐疑的になってきたら、そこで改めれば良いのです。

クライアントから、一本筋が通っていないなんて、言わせないようにしましょう。

10 周囲からの評価も良くなるような自分をつくる

営業のAさんは、本日某得意先を訪問する予定でした。ところが朝になってみたら、思いがけない高熱が出てしまい、やむを得ず会社を欠勤する羽目になってしまいました。

得意先への訪問は急遽同僚のBさんにお願いし、彼も快く引き受けてくれました。得意先はBさんも知っていましたので、商談は何ら問題なく、順調に進みました。

商談が一段落したとき、先方の担当者はBさんに、Aさんについていろいろと質問してきたのです。まじめな人なのかとか、努力家であるかとか、社内でのAさんの評価はいかがなものかとか、結構事細かく聞いてきました。Bさんは Aさんについて、仕事ぶりとか社内の評価なども含めて、ありのままを話しました。

それをジックリ聞いていた担当者は「やっぱりそうだったか」と我が意を得たりという感じでうなずいています。Aさんは社内の評判も良く、仕事はいつも全力投球で次期課長の呼び声も高い人だったからです。

ある人物の評価を知ろうとしたとき、直接本人から聞くわけにいきませんから、周辺の関係者からさりげなく聞き出すことがあります。この場合がそれに該当します。

お会いしているときは、商品知識も豊富で接客技術も抜群ですから、「うん、この人は仕事のできる人だナ」と好感を抱いていた人が、ほかの社員から評価を聞いたところ、正反対であったということはよくあることです。逆に、普段はパッとしない人のように思えたあの人が、同僚たちに聞いてみたら非の打ちどころのない仕事人間であったという話もよく耳にします。

自分のことは自分でPRできませんから、同僚や先輩たちからもよく言ってもらえるような環境づくりをしておく必要があります。

そのためにはどうすればいいのか？

それは簡単なことです。そのための策なんてありません。あったとしても小手先のものですから、いつかバレてしまいます。

その対策とは、**裏表なしで誠心誠意仕事に打ちこむ**という簡単なことです。

私たちも人間ですから、感情の起伏は多少あります。これは致し方のないことです。しかし**意図的に、相手により基本的な対応を変えることは、やってはいけません。**

会社の中、取引先、個人的な交際、家庭の中、いつも同じ態度で接します。多少の変化はやむを得ませんが、相手により真面目になったり、仕事人間になったり、怠慢人間になったりすることはダメです。これをやっていると、いつか自分のメッキが剝げてしまいます。この場合の信用・信頼の低下には、非常に怖いものがあるので要注意です。

職種の壁を超え、何事かに打ちこんでいる人間の姿には美しいものがあります。技術という枠を超越した世界がそこにはあり、その真摯《しんし》な姿勢が、さらに新しい技術を生んでくれます。

営業という職種にこだわらず、一人の人間としての完成度を高めていく努力が、素晴らしい営業マンを育ててくれます。裏表関係なく、目の前にある自分の仕事に全力で立ち向かってみましょう。結構楽しいことです。

11

手土産品の思わぬ効果

この話は、私からすればあまりにもセコイ話なのでお勧めできませんが、実際にあった話ですのでご紹介します。

私の若い知人に高級外車の営業をしているFさんがいます。1台1500万円もするような車ですから、そう簡単には手が出ません。

彼は営業所の中でも成績優秀で、年間の販売実績も常に1位、2位を争っています。

その彼のお客さんに、車を買い替えようとする方がいらっしゃいました。当然Fさんは現在と同じ車の買い替えだろうと安心していましたが、どうも様子が変なんです。

同クラスの他メーカーの車の話をしたり、整備入りした車の中に、ライバルメーカー車のカタログが入っていることもありました。

お客さんも、Fさんの会社の車にはもう15年近く乗っているので、この辺で他メーカーの同程度の車に乗り換えてみようかと、考えている節がありました。

そこでFさんは、直接そのお客さんに聞いてみました。

「どうして他メーカーの車に乗り換えようと思ったんですか」

「そうだねぇ、今の車も良いし何一つ不満はないんだけど、お宅の営業マンの方は担当がよく変わるからねぇ」と呟いていました。Fさんは、「私はしばらく辞めませんからご安心くださ い」と言い残してきたそうです。

ところがその直後、Fさんは研修で大阪へ出張しました。その帰り際、新幹線のホームで、Fさんは自腹で1000円くらいの名物土産を買いました。そして帰京してからそのお客さんを訪問し、気持ちだけの安い土産品を手渡したそうです。

そうしましたら翌日Fさんのところに電話が入り、乗用車はあなたの会社から買いますというメッセージがあったそうなんです。もちろんグッド・タイミングだったんでしょう。

しかしFさんは驚きました。あれほど他メーカー車への乗り換えにこだわっていたお客さんが、たった1000円ほどのお土産品でなぜ心変わりがしたんだろうと不思議でなりません。そこで私がこの件に関する自分の考えを、Fさんに話してみました。

お客さんは、他メーカーの営業マンとの話し合いが、うまくいっていなかったんじゃないかということと、大阪からたとえ安い品物でも、あなたが自腹で買ってきてくれたその優しさに感動したんですよ、と聞かせてあげました。

人間の至福とは、心の底から幸福を願われていることだと思います。その相手は問いません。両親や兄弟、さらには親戚の人々、または恋人、誰でも結構ですが、あなたの幸福を本当に願ってくれる人がいるというだけで、あなたは幸福者です。

Fさんのお客さんは、貰った手土産品がうれしかったのではなく、仕事で大阪まで出かけたあなたが、駅のホームで私のことを思い出し、土産品を買ってくれたという思いに大きく感動したのだと思います。

母親の愛は、無償の愛だといわれています。見返りも求めず、ただ子供の幸福だけを願うその姿に、心を打たれます。

最後にFさんに尋ねました。「あなたがホームで手土産品を買ったのは、助平心があったからなんですか?」「半分くらいはありました」との返事でした。

第6章

キラリと光る自分を創る

01

人前で話せる自分をつくりあげる

よくあることですが、何の前触れもなく突然指名され、その場でスピーチをさせられることがあります。優秀な営業マンであるためには、このテーマも処理できなければなりません。つい先日、私にもこのようなことがありました。

久しぶりに同窓会に出席した際、司会者から「久しぶりに戸田君が出席してくれました。彼から一言近況をお話ししてもらいましょう」と投げかけられたのです。

もちろん顔見知りの連中ですから、何の気負いもなく3分くらいの短いスピーチをやりましたが、この程度のことであれば、どなたでも簡単にできます。

しかし何百人もの前でしゃべるとなるとそう簡単にはいきません。緊張して足が震え、言葉も思うように出てきません。マイクの前でしゃべったことのない人が、いきなりマイクを突きつけられると、それだけで舞い上がってしまいます。

どんなに難しいパブリックスピーチでも、要領をのみこんでしまうと、それほど難しく感じなくなります。その点を少しお話ししてみましょう。

その要領の第一に挙げたいのが**「うまくしゃべろうと思わないこと」**です。これは意識の問題ですが、うまくしゃべろうと思うと緊張してしまいます。

ですから初めからその意識を捨てることです。スピーチの話になると、私はいつもあの拉致被害者の横田めぐみさんのお父上、横田滋さんを思い出します。少し詰まりながらもトットツと話す彼のスピーチには、人を惹きつけるものがあります。説得力があります。機会があったら「下手に話してみよう」と思ってスピーチをされてみてはいかがでしょうか。これが意外とうまくいきます。

第二に挙げたいのが、話の3分割です。

話の内容を、導入・本論・締めくくりと3つに区分して話す習慣をもつことです。導入部分では自己紹介とその周辺、本論では話したいテーマ、しめくくりでは結論めいた話をします。

この習慣が身についていると、いついかなる場所で突然指名されても、何とか乗り切ることができます。この技術が身につくと、突然指名されても慌てなくなります。

第三に挙げたいのが、簡単なようでいちばん難しい**「ゆっくり話すこと」**です。これは本当に難しいですよ。「間」と申しましょうか、なかなかこの間をとるのが難しいんです。アメリカのオバマ大統領はスピーチの名手と言われていますが、確かに上手ですね。そのいちばんの根拠は、間のとり方のうまさです。彼が間をとっている間に聴衆は呼吸をしています。机上には原稿があるんですが、目線は原稿に釘づけではありません。この目線の外し方も超一流です。横を向いたり、上を向いたり……。ゆっくり話すことができるようになると、話しながら頭の中では次の話を探しています。ですから話が詰まることがありません。

起業したら、また業績を大きく伸ばそうとしたら、社長自身が自分を有能な営業マンに自己変革させなければなりません。

そのためには、いついかなる場合でも、人前でスピーチのできる自分を作り上げる努力を要請されます。そしてそれは、心掛け一つで誰にでもできることです。3つのポイントを頭の中に刻みこんで、励んでみましょう。

02 見聞を広めれば、価値観が多様化してくる

営業力は最終的には人間力によって導かれます。ですから**営業力を高めるということは、究極的には人間力を高めることになります。**例外的に素晴らしい人間力をもちながら、営業マンとして大成していない人がいますが、この人は営業マンとしての技術的部分が欠落しているのかもしれません。技の修得は、良い師匠につきしばらく教えを受ければすぐ上達します。しかしそうはいっても、カフェなどでキチンと「いらっしゃいませ」の言えない人もいますから、一概に決めつけることもできませんが……。

人間力を高めるというテーマは、人間死ぬまで頑張ってみても、そう簡単にできるものではありません。完成という形がありませんから、５年前に比べたら良くなったとか、仲間内では良い方だとか、その判断はあくまでも相対的なものになってしまいます。

そのような状況の中で、私が比較的自信をもってお勧めできるテーマは、**「見聞を広めるこ**

と」です。海外旅行も良し、もちろん国内旅行も良し、美術館巡りもこれまた良し、各種講演会で人様の話を聞くのも良し、趣味のサークルで仲間たちとしゃべりまくるのも良し、夜の東京を怪しまれないようにブラブラ散策するのも良しです。怖いのは、行動範囲やパターンが画一的で変化のないことです。

なぜ怖いかと言いますと、価値観が狭い範囲内で固定化されてしまうからです。これほど怖いことはありません。まじめな人は良い人間で、破天荒な人はダメ人間と簡単に決めつけてしまう怖さです。

一見ダメ人間のように見えても、裏側では人様に見せないようにボランティア活動をして社会貢献している人とか、表面は真面目そうでも、一歩奥に入ると人を傷つけている人とか、人生さまざまです。人は外見だけで、その善悪を判断することはできません。裏側に隠された部分をどう読みとるかで、その人の価値観がコロッと変わってしまいます。

見聞を広げることとは、この狭い範囲内で固まりかけている価値観をゆさぶることになるので、私はこのテーマをお勧めしています。

価値観が固定化することは、本当に怖いことです。一見悪そうなことをしていると、その人全体が悪くなってしまいます。その悪そうに見える中にも、一握りの善が入り込んでいる。ここを見抜けるようにならないと、人使いの達人にはなれません。

ドンドン見聞を広め、あなたの価値観をグラつかせてください。それができるようになると、世間常識とは異なる意見にも耳を傾けることができるようになります。あなたの人間に対する許容範囲が広がりますので、多くの人があなたの周囲に集まってきます。

私は若い頃、海外旅行によく出かけました。多いときには年に3〜4回、仕事をサボってよく行ったものです。今思えば、あんなに忙しいのによく海外なんかに行けたなぁ、と思えるくらいです。

ヨーロッパ中心の旅でしたが、今ほど治安が悪くなかったので、主要国のほとんどは見て回りました。今だから話せるという失敗談もたくさんありましたが、何よりも印象に残っていることは、文化や慣習の違う他国を見て、今まで自分が抱いていた絶対的な価値観がグラついてきたことでした。自分にとっては大きな収穫です。海外旅行に限らず、見聞を広めることは必ず人間力を高めてくれます。

03

長い期間をかけ、一つの趣味を完成させよう

先日、あるテレビ番組を観ていて驚きました。

大学教授でありテレビタレントでもある齋藤孝さんが、あるオーケストラのチェロ奏者として出演していたのです。見た瞬間、私はアッと驚きました。

しかも、プロの演奏者たちに混じって、上手に弓を弾いていたのです。本当にビックリしました。この先生にこんな趣味があったとは知らなかったと、自分が恥ずかしくなりました。

そこに、ビートたけし登場です。

そして、こう言い放ったのです。

「齋藤さんの左手は、見事に動いていませんでしたね」

これで会場は大爆笑です。やらせ番組だったのです。

本業の仕事以外に、なんらかの趣味をもつことは、大変有意義なことです。

まず本人が楽しいこと、気分転換ができることは最大のメリットです。いつも学術的な難しいテーマと対峙している先生方が、ホンの一時の気分転換に楽器を演奏するなんて最高です。

さらにもう一点、周囲の人々をビックリさせる効果があります。その事実を知った瞬間、周囲の人は驚きその人物を再評価します。

俳優の伊吹吾郎さんも、趣味でギターをやっていますが、この方のレベルも相当高いと評判です。私も一時期、ギターを習っていた時期がありましたが、伊吹さんの演奏を聴いて上手だなァと心底思いました。

趣味で何かをマスターしたいとお考えなら、本業と離れているものがおもしろいですよ。

意外性です。えっ、あんなにまじめな人が、こんな趣味をもっていたんだ、と思わせることができれば最高です。その反対もあります。あんなにチャラい人がこんなに落ちついた趣味をもっていたなんてビックリ、と思わせるのも効果的です。

若い頃の話です。

横浜の「港が見える丘公園」をデートでブラブラしていたとき、ある外国人アベックから私たちは質問を受けました。それも英語でです。

私がドギマギしていると、一緒にいた女性が英語でペラペラ答え始めたのです。私はもうビックリ、その女性の顔をマジマジと眺めていました。アベックが去った後、どこで英語を学んだんですかと聞いたところ、父親の仕事の関係で、高校生の頃、3年間アメリカに留学していたということでした。

仕事以外に何か趣味があれば人生が豊かになるとはわかっていても、一つの趣味がモノになるには、10年や20年という長い年月かかるのが普通です。

長い人生、途中にはその趣味を中断させようとする出来事が何回も発生します。それらをすべて乗り越えないと、中断してしまいます。

私なんかは、その中断組の金メダリストのような存在です。いろいろやってみました。しかしそのすべてが中断です。また中断するための正当な理由を考えつくんですね。

人間生きていくために仕事は重要ですが、その仕事を磨く意味でも、心の安らぎを得る意味でも人生を貫くなんらかの趣味が必要です。あなたの趣味は何でしょうか？

04 英語だけはペラペラになりたい

日本人誰しもの憧れが、英語をペラペラしゃべれることではないでしょうか。誰から話しかけられてもその英語が理解でき、誰に対しても気軽に英語で自分の意思を伝えることができる、これができれば最高です。

日本人は中学校の授業から英語があり、高校、大学と勉強するわけですから、もっとしゃべれても良いのではないかと思いますが、実際は違います。

海外を旅して思うことは、他国の若い子供たちが母国語以外に結構英語を使っているという事実です。

モルディブに行った際聞いた話ですが、小学校から英語教育は始めているとのことでした。

私もこのことには大賛成です。中学校からでは遅すぎるような気がします。大胆な発言ですが、幼稚園からでもいいと思います。

生まれたときから日本語と英語を覚えられるような環境づくりが適しているのではないでしょうか。中学校から学ぶのでは、それ以前に心の中に苦手意識が芽生えてしまい、無意識のうちに拒絶反応を示すようになります。

それともう一つ気になることがあります。誰が教えるのかという問題です。私たちは中学から英語を日本人の先生に学びます。最近では状況が違うと思いますが、本来言語は初めからネイティブスピーカーから教わるべきなんです。幼稚園時代から英語は、英語を母国語とする人々から教わるということです。英語を日本人が教えること自体に問題があります。

予算とか人材とかさまざまな制約がありますが、**語学を学ぶときだけは、その言語を常時使用している人々（ネイティブスピーカー）から教わるのが鉄則だと思います。**

そうしないと、日本で日本人教師から長い期間英語を学んでも、現地入りして現地の人々の言葉を聞いた瞬間、パニクッてしまいます。

最近では英語ペラペラ人間は大幅に増えてきています。それでもまだ不充分で、そうなりたいなァと願っている人がなんと多いことか。

ビジネスの世界では、特に外国人と接する機会の多い人には、英語は必須言語となっています。しかしこの問題は、本人だけの問題ではなく、むしろご両親の問題ともいえます。ご両親が英語の必要性を痛感し、子供が小さいときから学べるような環境を作れば、それなりに子供たちは英語に慣れ親しんでいきます。しかしこのとおり実施しようとしても、多分にお金がかかりますので、誰でもができることとはいえません。

語学をマスターする王道は、なんといってもその言語が使われている国に住むことです。その国の文化・歴史・慣習を知ることにより、語学習得に拍車がかかります。しかしこの問題も、親に相当な負担がかかり、簡単にできることではありません。

昔、徴兵制度があったように、若い時代に海外留学制度を義務づけるという方法はいかがでしょうか。とっさの思いつきのようですが、２年間だけ留学させるのです。夢のような話ですが、もしこれが実現できれば外国語嫌悪症は吹っ飛んでしまいます。

05 「思いをためこむ」ことができれば変革できる

「思いをためこむ」――活字にすると簡単ですが、これが現実となるとそう簡単にはいかないシロモノなんです。誰しもが一時的には必ず思いますし、願います。

「スポーツ選手としてオリンピックに出てみたい」、「仕事のできる人間になりたい」、「将来はお金持ちになって思い切り贅沢な生活がしてみたい」とか、いろいろあろうかと思います。

しかしこの思いが、そのときには思うのですが、長続きしないというのが特徴です。すぐ忘れてしまいます。だから我々人間は生きていられるんですが、四六時中このようなことを考えていたら、息が詰まってしまいます。

しかし**物事を成就させようと思ったら、この「思いをためこむ」という作業は省略することができません。**「私はこうなりたい」という思いが、いつも頭の中にあります。そのためには何を為すべきなのか、というテーマを常時追い続けています。睡眠時以外は、いつも追っているといっても過言ではありません。いや寝ているときでも追っているかもしれません。

体操競技の内村航平選手や女子レスリングの吉田沙保里選手は、公務以外はすべてのエネルギーを自分の記録を伸ばすために使っています。そうしないと、とても達成できないような偉大な記録を、二人ともおもちになっています。

昔から「思いは通じる」とよくいわれていますが、まさしくそのとおりで、まず**「ああなりたい」「こうなりたい」と思うこと、願うことがまず第一歩です。**そしてその気持ちを大切にし、いつまでも持ち続けることが重要です。

もしそれができたら、あなたは有能な営業マンになるでしょうし、会社の業績も必ず向上していきます。

優秀なリーダーがいれば、その周辺の社員たちも少しずつでも進化していきます。

一時的にはいろいろ考えるけれども、その思いが長続きしないという方は、自己暗示力を利用するのも一つの方法です。

「自分にはそれはできる」、また「やらなければいけない」と自分に言い聞かせます。紙に書いたものを机の前に貼り、それを毎日眺めるのもいいでしょうし、メモを財布の中に入れ時々出しては眺めるのも一つの方法です。私は意志が弱い人間ですから、この二つとも実践して効果は上がっています。

いつのオリンピックか覚えていませんが、私の脳裏に強烈な印象を与えた競技がありました。多分パラリンピックだと思いますが、両足首を切断された選手が義足をつけて100m走競技に出場したのです。

その速さにビックリ、一般の健常者が全力で走っても、とても勝てないようなスピードでした。自分の足がないんです。そして両足とも義足なんです。

どうしてあんなに早く走れるの？　足は痛くないの？

「人間に不可能はない」という言葉が実感として湧き上がってきた一瞬でした。

自分は営業が得意ではない。物を作るとか優秀な商品を開発するのは得意なんだけれども。最近会社の業績が落ち込んできた。もしこのまま何年かしたら、会社は倒産するかもしれない。営業が苦手な私だが、会社を建て直すためには自分自身が優秀な営業マンに大変身する必要がある。よしやってみよう。

自分は何があっても必ず優秀な営業マンに変身してみせる。この思いを大切に胸にしまいこんでください。あなたの願いは、必ず実現します。嘘ではありません。

06 「優先順位」という考え方

「どうしてもなってみたい」、「これだけは誰がなんと言おうとやり遂げてみたい」

このような思いは誰しもが抱く感情です。やりたいこととか、なってみたいものは各々異なりますが、このような欲求が芽生えることはごく自然な現象です。しかし何年経っても、何十年経っても、その欲求が実現しません。これもよくあることです。その原因を辿ってみると、その欲求が思いつきで、しばらくするとまた別の欲求が芽生えてくる、ですから何年経っても本当はどうしたいのか決まらない、というケースが多いようです。

むしろ自分の思いを叶えてしまうタイプより、叶えられなかったタイプの方が多いのではないでしょうか。

いろいろと考え、もし自分がどうしてもやり遂げたいと思うテーマがあったら、皆さん、次の方法を試してみてください。

それは**優先順位**という考え方です。すこぶる簡単です。私たちが一日に消化すべきテーマはたくさんあります。働くこと、家族との団欒《だんらん》、デート、家事手伝い、クラブ活動など挙げたらキリがありません。そしてよくある日常のパターンは、一部はできたけれども一部はできなかった、というものです。生活をしていると突発的な事態も発生するし、体調を崩して寝こむこともあります。そこで24時間の中で優先順位を1位にすることなんです。

父親が医師なので、自分も医師になりたい。

そのためには国家試験に合格しなければならない。しかし聞くところによると、医師の国家試験は難しくて自分には合格できるという自信がない。もし彼が本当に医師になりたいと望むのであれば、そのための勉強を、24時間の中で最も早い時間帯に行うのが優先順位の考え方です。

生活パターンが人それぞれ異なりますのでなんとも言えませんが、**とにかく24時間の中で最も早い時間帯にそのテーマを実行します。**サラリーマンであれば、朝起きてすぐ、会社に出勤するまでの時間帯に、学生であれば学校に行くまでの時間帯にそのテーマをこなします。これがなかなか難しいんですが、これができるようになると、狙ったものを手中に収めることができます。

朝起きていちばん最初にやるのも、夜帰ってきてからやるのも同じように感じられますが、実質的には全然異なります。朝イチの場合には本人の意志が強ければ、やり遂げることができます。しかし夜の場合には残業や飲み会などによりスケジュールの変更があります。この変更などにより、今日は中止、そして明日も中止で結果的には挫折してしまうケースが実に多いのです。

朝イチにはもう一つの大きなメリットがあります。

目標達成意識が強化されることです。自分は医師の試験に合格しなければいけないという意識が、少しずつ強化されていきます。夜就寝するときも、明日早朝から勉強するんだという気持ちになり、睡眠中でも潜在意識を刺激し続けます。試験合格という面で話を進めてきましたが、スポーツでも芸能面でも美術でもなんでも同じです。

どうしてもそうなりたいと思ったら、一日の中の最も早い時間帯にそのテーマを入れることです。

意識が強化され、必ずそのテーマが実現できます。私も会計事務所をやっていますが、そのようにして税理士試験に合格した人が何人もいます。是非お試しください。

07 規則正しい生活が、優秀な営業マンをつくる

うれしいことや悲しいことがあって夜遅くまで酒を飲んでしまい、翌朝の仕事に差し障りがあったという経験は誰もがしていると思います。

二日酔いのときの仕事は、本当に辛いものがあります。「筆舌に尽くしがたい」というのは正にこのことでしょう。そのような状況時の仕事をクライアントはまたよく覚えています。

「通常は本当にまじめな人間で、尊敬すらしていたのに、あの二日酔いに近い状態の彼を見たとき、そのような好感情は一瞬にして吹き飛びました」

これは、私の知人が語ってくれた某銀行マンに対する印象です。

規則正しい生活を送りたいと願うのは、万人の夢です。なぜなら、**規則正しい生活は疲労が少なく、物事の達成率が最も高い状態にあるからです。**

仕事、勉強、スポーツ、習いごと、どれをとってみても規則正しい生活をしている人には敵いません。脳のリズムがそのように設計されているので、身体の方がそのリズムにすぐ従ってくれます。

朝6時から勉強をしている人は、毎朝6時少し前から脳が覚醒し、勉強の準備を始めます。夕食後8時からジムトレーニングをしている人の身体は、毎日7時30分頃になると身体の方が勝手にその準備を始めます。

多少のズレは避けられませんが、大まかな意味で規則正しい生活を送っている人は、大きなポカがありませんので安心して見ていられます。

しかしこのリズム感のない人の生活はハチャメチャで、今日はなんとか過ごしたけれども、明日はどうなるかわからない、という不安定なものになってしまいます。

規則正しい生活を送るというテーマは、親からうるさく言われ続けてきました。誰しもがそうです。しかしなかなかできません。特に若い時期は、「いかに楽しく過ごすか」がテーマの中心ですから、規則正しくなんて話は馬耳東風でした。しかし荒波に揉まれ厳しい現実を目の前にしたとき、果たして自分はこれでいいのだろうか？　と感じてくるときがあります。

このときに「もっとしっかりやらなければ……」と感じることができる人は救われます。しかし、それができない人は取り残され、気づいたときには老後の生活すら不安定になってしまいます。

規則正しい生活とは、1日や1週間の行動を、時間軸で設定するということです。初めのうちは苦しくてなかなかできません。軌道に乗るまでには何十回、または何百回の失敗がつきまとうことと思います。

しかしそれでも諦めずにしつこく挑んでいると、あるときそのコツがしっかりわかるようになります。

だから、自分はダメなんだと諦めるのではなく、**その時間がきたら、必ずその場所にいることに専念することが秘訣です。**

勉強や仕事なら机、スポーツならジムやウォーキングの仕度をする、しかしこんなに準備してもやらないのですから意味がないよ、と言ってやめてしまいます。

これがいけないんです。**準備することに成就の意味があるわけですから、バカらしいと思ってもこれを続けてください。必ずやできるようになります。**

この規則正しい生活ができるようになると、１日が早く感じられます。そして前日には、明日の予定はコレとコレ、大切なポイントはこの点にありと、勘が働くようになってきます。

有能な営業マンを目指すなら、毎日の生活を規則正しくするよう心掛けることです。

08 金銭にルーズな人は社長になるな！

創業３年にして素晴らしい業績を上げている社長がいました。年齢は40歳前後、業種は出版関係です。私も何回もお会いしているのでよくわかりますが、話していても人を逸らさない魅力的な若社長さんでした。その彼の会社が、創業5年目にして経営に行き詰まり、同業他社に吸収合併されてしまいました。

驚きました。初めのうちは全く信じられませんでしたが、内情を聞くにつれ「さもありなん」という感想をもてるようになりました。

営業能力抜群、出版関係技術文句なしの彼が、なぜ業績不振で他社に吸収されたのでしょうか。そんな能力ある彼にも一つだけ大きな問題点があったのです。

それは、金銭問題に非常にルーズだったということです。女性の経理社員はいましたが、社長の強権でいくらでも資金は引き出すことができます。しかもそのお金の大半は、営業活動とはいっていいますが、実際はプライベート用でした。

彼は程々の給料も貰っているので、プライベート資金はその中から負担すべきでしたが、会社にも結構な余剰資金があったので、その中から支出していました。女性経理社員も、相手が社長だから断りようがありません。完全に社長の公私混同です。

社長に対するこれらの支出は、経理上は仮払金とか貸付金で処理されますが、この社長は持ち出したお金の精算をほとんどやっていません。
ゆえに貸付金などの金額が異常にふくらみ、資金不足で銀行に融資を依頼した際、見事に断られてしまいました。銀行も盲目ではありません。

金銭の浪費癖の恐ろしさは、一度はまってしまうとその習慣から抜け出し難いという点にあります。一度この癖がついてしまうと、たとえ使うお金がなくなっても、借金してでも使ってしまいます。会社の社長でなくても一般のサラリーマンでもこのような方はいらっしゃいます。競馬競輪やパチンコに凝ったり酒や女遊びにうつつを抜かしている方が、皆さんの周りにいらっしゃいませんか。正直申し上げて治りにくい病だと私は思っています。

このような方は、決して自分で事業を行わないことです。いつの日か会社を倒産させ、自分も自己破産してしまいます。自分だけならまだしも、ご家族や知人・友人を巻き込んでしまい、多大なご迷惑をかけることになるからです。

さらに具合の悪いことに、資金不足を感じる頃から会社の業績が下降し始めるのが通例です。そうなるとますます資金がショートし、果ては会社の倒産です。因果関係がハッキリしているわけではありませんが、仕事を怠け、遊びにうつつを抜かしているのですから、業績不振の温床になっているといわれても仕方ありません。

金銭問題にルーズな方は、会社を経営してはいけません。周囲の大勢の方々に迷惑をかけ、自分も痛手を負うことになります。それが月謝なんだと言われればそうなんですが、あまりにも負担が大きすぎます。**銀行口座には常時億単位の現預金があり、このお金は会社のものであり、自分のものではないと言い切れるような社長を目指してください。**

金余りの東京都のようになってはいけません。

09 「聞く耳をもつ」と人はついてくる

昨年の東京都知事選は、前知事辞任に伴う知事選で、近年にない白熱した選挙戦が展開されました。

中心人物は、自民公明推薦の増田寛也氏、推薦なしの小池百合子氏、野党4党推薦の鳥越俊太郎氏の3名でした。当初は増田、小池両名の対決かと思われていましたが、〆切直前に報道界の大物、鳥越氏が立候補を表明し、都知事選も俄然熱を帯びました。

選挙演説ですから、どの候補者も有権者の注目を引くような発言をしました。

その中で、私の琴線に触れるような一言がありましたのでご紹介します。

それは鳥越俊太郎さんが述べた次の一言でした。

「私には、ほかの候補者が持ち合わせていない長所があります。それは人様の意見を聞く耳をもっている、ということです」

たったこれだけの言葉が、私の胸にはグサッときました。どういうことのない簡潔な一言でしたが、やはり新鮮でした。ということは多くの人々は人様の意見にあまり耳を貸さないということです。

それに対し鳥越氏は、「私は違います。自分の意見も主張しますが、他人の意見にも真剣に耳を傾けます」と言っているのです。

自分の考えは申し述べますが、人様のご意見もジックリ聞かせていただきますよというのは、当然すぎるほど当然の話ですが、政治家・実業家を含め、人の上に立つ人々にこれがなかなかできていません。

言葉の上では、そのように述べていますが、実際は聞いたふりをしているだけで、自分の考えを上から押しつけているだけです。

ですから私には、鳥越氏の**「人様の意見を聞く耳をもっている」**という一言が、強烈な印象として耳に残ったのです。

実際問題、経営の現場では、社員や取引先の意見も聞いたフリをしないと、ビジネスが回転していきません。特にリーダーシップの強い経営者ほどこの傾向があります。

しかしあるべき姿は、聞いたフリをするだけではいけません。実際に真剣に耳を傾けないと、周囲の人々は心から協力してくれません。

問題は取捨選択です。周囲の意見どおりに物事を運営するだけでは経営者の価値がありません。どの意見は採り入れ、どの意見は今回は採り入れないと、周囲に明確にわかるように説明します。

経営の最終責任は経営者にあるわけですから、物事の決定権も経営者にあります。ただ独断専行では、長い期間にわたり人様はついてきてくれません。

周囲の人々の意見に対し、真剣に聞く耳をもつことはすごく重要なことであり、特技といっても過言ではありません。

そして、それら意見の採否を明確にし、その根拠を明らかにすることも重要です。

10 挑むことがリーダーの使命

世の中には大まかに分けて、2通りのタイプの人間がいます。挑戦型と尻込み型です。挑戦型の人は、難問が目の前に表れてもなんとかそれを乗り越えようと考え、行動します。尻込み型の人は、難問が目前に現れた場合、自分にこれが解決できるだろうかと必要以上に考えすぎてしまいます。そしてそれができないかもしれないと思えたとき、すぐ腰を引いてしまいます。挑戦しません。ですからいつになっても能力が向上せず、環境の良い時代には生き残れますが、環境が悪くなると生き残ることが難しくなります。

能力開発という面から考えてみると、尻込み型には若干の問題点があります。**能力は、何もしないでソッとしておくと伸びていくものではありません。**

両親から、潜在能力としては非常に大きなものを受け継ぎますが、何もしなくてもこれが開花するというものではありません。水をあげ、光を当てないと花は咲きません。要するに**脳に何らかの刺激を与えないと、能力開発はできないということです。その刺激が「挑戦すること」なんです。**

赤ちゃんが生まれます。その進歩の過程を連想してもらうと、人間の能力開発の様子が手にとるようにわかります。ハイハイするようになり、そのうちにヨチヨチ歩きを始めます。やがて言葉がしゃべれるようになり、食べ物も食べるようになります。そのうちに字も書けるようになり、友達と遊ぶことも覚えていきます。脳が柔らかいからできる芸当ですが、その吸収スピードには驚くものがあります。

このように人間の能力開発には、常時刺激が必要です。この刺激こそが挑戦なんです。

ですから**挑戦しない人は、自分の能力開発を諦めた人です。**時々5か国語を話すことができるというような人物を知ることがありますが、この人たちは恐らく必要に迫られて覚えたものでしょう。谷底へ落とせば人間は這い上がってきます。なぜならそれが本能だからです。ということは、自らを谷底へ落とすことのできる人は、ほかの人に比べてより多くの能力を身につけることができます。

リーダーは、挑戦型でなければいけません。挑戦することにより、自分の能力を絶えず磨き続け、その姿勢を部下たちに見せることで求心力を高めていきます。

能力面においても優れ、取り組み姿勢においても申し分なしの評価を頂いて、真のリーダーが生まれます。もしリーダーが尻込み型の場合はどうでしょうか。部下たちは陰でリーダーの悪口を言っているかもしれません。またリーダーの出す命令・指示に素直に従わないかもしれません。これではグループ全体の力を伸ばすことができません。

物事に挑戦するといっても、ガムシャラに挑むのでは失敗します。事前に状況を鋭く観察し、冷静な判断を下します。判断が下った以上、真剣に立ち向かっていきます。途中幾多の挫折があるかもしれません。しかし全身全霊でそれらの問題点を片っ端から処理していきます。

道中苦しいことはたくさんありますが、ゴールテープを切った途端、味わった苦しみが快感に変わります。挑戦心を大切に育てましょう。

著者プロフィール

戸田 裕陽（とだ やすはる）

◎ —— 税理士、経営コンサルタント。会計事務所勤務を経て 27 歳で税理士試験合格。合格と同時にプロの経営コンサルタントの道に進む。34 歳まで経営コンサルタント会社に勤務し、その技法を習得。7 年間のこの経験が、後に大いに役立つことになる。

◎ —— 34 歳で戸田会計事務所、戸田経営研究所として独立。コンサルタントの仕事が楽しくて、50 歳ごろまで研修・講演で全国を飛び回る。経営問題や節税対策に強い税理士としても活躍。近年、労務問題に興味をもち始め、労働法規を猛勉中。趣味は水泳・スノボー・大型バイク・サーキット走行・海外旅行。モットーは「意あれば道あり、意のないところ道はなし」

〔著書〕

『会社の税金まだまだあなたは払い過ぎ!』（フォレスト出版）、『社長、あきらめるのはまだ早い!』（出版文化社）、『人を動かす 137 の法則』『叱って育てろ!!』『サラリーマン時代の考えは捨てなさい! 独立起業を考える方への実践的アドバイス』（以上、文芸社）、『さあ起業しよう、そして成功させよう なぜ私は「独立」を勧めるのか』『賢く納めて得をする税金のヒント 65』『できる男は、ここが違う』『こうすれば会社は伸びる!』（以上、万来舎）

戸田会計事務所所長、戸田経営研究所所長
株式会社ビジネス・スタッフ代表取締役
株式会社セールスプロモーション代表取締役

〔戸田裕陽事務所〕
HP ：http://www.todakaikei.jp
住所：東京都渋谷区宇田川町 2 － 1 渋谷ホームズ 908
TEL：03 － 3464 － 5830 FAX：03 － 3770 － 3054

社長がトップ営業マン！の会社は強い

2017年3月21日 初版第1 刷発行

著 者 戸田裕陽
発行者 藤本敏雄
発行所 有限会社万来舎
〒102-0072 東京都千代田区飯田橋2－1－4 九段セントラルビル803
☎ 03-5212-4455
E-Mail：letters@banraisha.co.jp
印刷所 株式会社エーヴィスシステムズ

ISBN978-4-908493-10-2